인생이 내게 가르쳐 준 것들

인생이 내게 가르쳐 준 것들

홍석현

에세이

중앙books

PROLOGUE

돌이켜 볼 때
비로소 알 수 있는 것들

회사 실무를 자식들에게 맡긴 지 벌써 10년 가까운 세월이 흘렀습니다. 눈앞의 현장에서 눈을 떼니, 비로소 제 삶을 돌아볼 시간과 여유가 생겼습니다. 봄이면 아내와 함께 남산 길을 산책했고, 여름과 겨울에는 풍광 좋은 곳을 찾아 긴 휴가를 즐기기도 했습니다. 친구도 만나고 독서도 하고, 매일 명상도 하고 서예에도 심취했습니다.

치열한 현장에서 한 걸음 떨어지니 인생을 돌아보는 시간이 늘어났습니다. 돌아보는 건 언제나 돌보는 일이기도 합니다. 지나온 세월을 떠올리고 기억할 일을 추려 가면서 삶을 소중히 여기는 법을 알아가는 일입니다. 그 시간은 한 사람의 삶에서 가장 중요한 건 영성이라는 사실을 깨달아 간 시간이기도 했습니다.

그러다가 내가 걸어온 길에서 얻은 바를 책의 형태로 정리해보고 싶다는 생각이 들었습니다. 처음엔 웅대한 생각을 품었습니다. 오랫동안 언론사를 경영하면서 얻은 경험을 바탕으로, 우리나라의 나아갈 바를 제언하고 싶었습니다. 눈앞의 현안에 매달리는 대신 멀리서 볼 때 보이는 큰 그림을 정리해 전하면서 청년들에게 당부하는 말까지 담고 싶었습니다.

막상 주변에 이런 뜻을 전했더니, 그런 거창한 이야기는 다소 빤한 책이 될 수 있다고 조언하는 사람이 많았습니다. 평생 큰 이야기만 주로 하고 살았는데, 젊은이들에겐 차라리 그런 거대 담론보다 그간 크고 작은 일들을 겪으며 알게 된 삶의 구체적 지혜를 전하는 게 더 와닿으리라는 것이었습니다. 인생에는 긴 세월에 걸쳐서 경험이 쌓이고 생각을 거듭해야 비로소 알 수 있는 게 있습니다. 그러한 앎은 그 사람의 삶에서 우러나온 고유한 문양과도 같습니다. 현장에서 물러나서 산책하고 명상하면서 인생이 내 영혼에 남긴 문양은 도대체 무엇일까를 자주 생각하던 참이어서 저절로 고개가 끄덕여졌습니다.

무엇보다 한 기획자가 제가 우리 세대 중에선 비교적 일찍 바깥세상에 눈뜬 '1세대 글로벌리스트'에 속한다고 이야기해 준 게 용기를 주었습니다. 일찍부터 다양한 해외 경험을 쌓고,

세계적인 지도자들과 공적·사적으로 교류해 온 제 삶의 궤적과 경험이 독특하다는 것입니다. 우리나라는 지난 수십 년 동안 피땀 흘려 노력한 끝에 세계의 중심 국가로 발돋움 중입니다. 그에 발맞춰 원대한 꿈을 품고 세계 무대에서 삶을 꾸려가기를 원하는 젊은이들도 늘고 있습니다. 이런 시대에 일찍부터 세계를 접하면서 그들과 어울리며 '세계인으로 산다는 것'을 고민했던 사람으로서 들려줄 얘기가 많을 것이란 얘기였습니다.

◆ ◆ ◆

저는 1949년생입니다. 1948년 대한민국 정부가 수립된 이듬해이자 1950년 민족의 비극인 한국전쟁이 일어나기 직전 해에 태어났습니다. 제 또래의 사람들 누구나 그렇지만, 제 삶의 곳곳엔 격변기 한국 사회의 흔적이 녹아 있습니다. 어머니 등에 업혀 전쟁을 맞아 피란을 떠났고, 어린 시절 내내 길거리 곳곳에 전쟁고아와 구걸하는 사람들, 병든 사람들과 상이군인들이 넘쳐나는 걸 지켜보았습니다. 중학교 입학 전 4·19 혁명과 5·16 쿠데타도 지켜봤습니다. 어려운 시절을 이기려고 공부에 매진한 끝에 서울에서 대학을 졸업하고 미국 유학길에 올랐습니다. 제 세대는 대한민국에서 태어나 대학까지 마치고 대한민국 여권을 들고 해외에 유학한 첫 세대에 속합니다. 미국 유학 시절 제가 받았던 문화적 충격, 그중에서도 자유로운 분위기, 세계적 관점에서 사회를 바라보는 눈 등은 이후 제 삶에 큰 영향을 주었습니다.

미국에서 박사과정을 마치고서는 세계은행에 취직해서 일하면서 글로벌 경험을 더 쌓았습니다. 그렇게 미국에서 12년을 보내다가 귀국해서는 정부, 국책 연구기관, 기업과 언론에서 일했습니다. 외교관 생활도 했네요. 환경의 뒷받침 덕에 혹은 운명이 이끄는 대로 가다 보니 저는 우리 세대에서 누구보다 일찍, 그리고 다양하게 세계를 경험한 편입니다. 다양한 글로벌 네트워크를 쌓으며 '국제성'에도 눈떴습니다. 덕분에 세상을 보는 눈이 조금은 남달랐다고 자부합니다. 그리고 이것이 일과 삶에서 항상 저를 이끌어 주었습니다. 누구도 실패와 좌절은 피할 수 없으나, 넓게 생각하고 멀리 본다면 인생 여정에서 결국 좋은 결과를 얻을 수 있음을 믿습니다.

그사이에 우리나라도 눈부시게 발전했습니다. 사실, 제가 처음 외국 땅을 밟은 건 1966년 고등학교 2학년 때 일본이었습니다. 국내 항공사는 대한항공의 전신인 국영 항공사 KNA가 유일했고, 제트기도 없어서 프로펠러 비행기를 타고 가야 했습니다. 첫 기착지인 오사카 공항에서 자동문과 에스컬레이터라는 걸 태어나서 처음 봤는데, 무척 경이롭고 부러웠습니다.

그랬는데 지금은 K팝 등 한류의 영향으로 일본인이 한국을 선망한다고 합니다. 작고 가난했던 나라가 G7 추가 가입이 논의될 정도로 선진국 반열에 올랐으니 격세지감이 느껴집니다. 대한민국 첫 세대로서 가슴 벅차게 자랑스럽기도 합니다.

◆ ◇ ◆

책을 만들면서 많은 생각을 했습니다. 기억의 갈피에 숨어 있던 숱한 사람들을 떠올렸고, 인생 흐름을 바꾸었던 일들을 되새겼습니다. 하지만 연대기적 회고록이 되는 걸 피하고, 삶이 저에게 가르쳐준 것들을 보여주려 애썼습니다. 덕분에 제 머릿속에서 절대 잊을 수 없는 사람들, 그들이 보여준 통찰과 지혜들을 모았습니다. 인상 깊게 남았던 만남들, 깨달음을 가져다준 일들을 되살려 보았습니다. 가능한 한 개인적이고 구체적인 이야기를, 진솔하고 담담하게 쓰려고 했습니다. 확실히 인생엔 돌이켜 볼 때만 비로소 알 수 있는 게 있는 듯합니다. 책을 준비하면서 제 삶과 생각들을 정리할 수 있었습니다.

'성장' '품격' '영성' 세 부분으로 나누어 1차 원고를 완성했지만, 막상 출간하려니 망설여졌습니다. 과연 이 책이 사회적으로 어떤 의미가 있을까, 공연히 종이만 낭비하고 마는 게 아닐까 걱정이 앞섰습니다. 특히, 3장 영성 부분에 대한 고민이 컸습니다. 평생 영성이란 문제를 깊이 고민하며 살아왔지만, 자칫 미숙한 생각을 세상에 들키는 게 아닐까 부끄럽고 두렵기도 했습니다. 그러나 솔직하게 썼으니, 부족하면 부족한 대로 솔직함의 미덕으로 읽어주시리라 믿고 용기를 냈습니다.

책을 쓸 때 가장 경계한 것은 인생 회고에서 흔히 나타나는 자기 미화와 포장입니다. 그래서 가능하면 솔직하고 꾸밈없이 제가 인생에서 얻은 귀한 것들을, 특히 젊은 독자들과 나누고 싶다는 마음으로 썼습니다. 독자들이 삶을 설계할 때나 현실의 벽에 부딪혔을 때 도움이 될 만한 것들을 찾을 수 있다면 더할 수 없이 기쁘고 보람될 것입니다.

이 책이 제 가족들에게 먼저 읽혔으면 합니다. 아이들과 손주들이 내 아버지는, 할아버지는 이런 사람이었구나, 이런 생각을 하고 살았구나, 자세히 알게 되는 기회가 되기를 바랍니다. 사회에서 저와 만난 많은 분들은 어쩌면 이 책에서 보이는 홍석현이 그동안 알던 홍석현과 달라서 당혹스러움을 느낄 수도 있겠습니다. 흉중에 품었으나 미처 하지 못했던 말들을 털어놓고 나니 후련하기도 하고, 이런 모습이 남들에게 어떻게 비칠까 궁금하기도 합니다. 이 역시 솔직한 제 모습이니, 저를 좀 더 깊고 새롭게 이해하실 수 있지 않을까 기대해 봅니다.

어느덧 70년이 넘는 삶을 살았습니다. 기나긴 인생 여정이지만 돌이켜 보면 쏜살같이 흘러간 시간이기도 합니다. 이 책의 원고를 기획하고 정리할 때 큰 도움을 준 장은수 편집문화실험실 대표, 양성희 중앙일보 칼럼니스트 등에게도 고마움을 표합니다. 시간 앞에 무력한 게 인간이지만, 그 시간이 제게 남긴 것을 남기려고 하니, 부디 독자들에게도 의미 있는 시간이 되었으면 합니다.

2025년 가을, 홍석현

CONTENTS

PROLOGUE 돌이켜 볼 때 비로소 알 수 있는 것들 · 4

CHAPTER 1

성장

참새도 독수리와 똑같은 고민을 한다 · 17

이건희 회장에게 배운 것 · 26

내 피에는 잉크가 흐른다 · 40

리더에게는 생각하는 공간이 필요하다 · 49

리더가 하는 일은 판단이다 · 57

좋은 리더는 용서할 줄 안다 · 62

비평가가 되지 말라, 주인이 돼라 · 69

어디에서든 주인으로 살라 · 74

뒤쫓지 말고 차선을 바꿔라 · 82

큰 뜻이 실패를 견디게 한다 · 94

글로벌 감각이 성패를 가른다 · 101

매력이 힘을 이긴다 · 110

이승만 대통령과의 인연 · 117

CHAPTER 2

품격

'마음을 정돈할 방법'이 있어야 한다 · 125

머리에서 가슴으로 가는 여행 · 135

고수들의 우아한 대화의 기술 · 142

토론과 말싸움은 다르다 · 148

마음과 습관을 고쳐야 인생이 바뀐다 · 157

절대로 부정적인 생각을 하지 말라 · 162

인생 문제는 인간이 성숙해야 풀린다 · 168

진정한 자유주의자로 사는 법 · 176

오래가는 집안이 되려면 · 186

포용력이 일류를 만든다 · 192

CHAPTER 3

영성

'얼마나 사느냐'보다 '어떻게 사느냐'가 중요하다 · 203

우리 안에 모든 것이 갖추어져 있다 · 209

일 외에 즐기는 것 하나를 꼭 만들어라 · 219

복을 아끼고 짓는 마음 · 227

자기 바깥에서 행복을 찾는 사람은 불행하다 · 234

왜 내가 가진 것을 나누어야 하는가 · 240

스승이 있는 삶 · 246

아내와 함께하면서 배운 인생 · 259

친구 없이 똑바로 걸을 수 있는 사람은 없다 · 265

행복은 언제나 중도에서 온다 · 272

하루하루 정성스럽게 · 278

'왜 사는가'를 물어야 삶은 진실해진다 · 285

CHAPTER 1

성장

참새도 독수리와 똑같은 고민을 한다

직업이 직업인지라 사무실 대형 TV는 24시간 뉴스에 맞춰져 있다. 전 세계 온 나라 뉴스가 흐른다. 언론사주로만 30여 년, 매 순간 뉴스와 함께한 삶이었다.

집무실 큰 창밖으로 서울 도심을 내려다본다. 하루가 다르게 변화하는 도시의 활력이 느껴진다. 고층 빌딩과 조선 궁궐, 전통 시장이 공존하는 이 복합적이고 하이브리드한 매력에 세계인이 매료된다니, 격세지감이 느껴진다. 이제 길거리에서 외국인과 마주치는 것도 자연스럽다. 관광객도 있고, 출장 온 비즈니스맨도 있고, 아예 한국에 사는 이들도 많다. 예전에는 상상도 못 했던 '글로벌 코리아'의 풍경이다.

TV 속 뉴스 진행자가 싱가포르 소식을 전한다. 1989년 1월 리콴유 싱가포르 총리를 만나기 위해 창이공항에 내리던 순간이 생각난다. 매형인 이건희 삼성그룹 회장과 함께였다. 막 마흔이 된 나는 아직 언론사주의 길은 생각하지 못하고 삼성그룹 상무로 근무하고 있었다. 나보다 여덟 살 위인 이 회장은 그룹 회장으로 취임한 지 3년째로 회사 내부 전열 정비를 얼추 마친 상태였다. 우리는 둘 다 40대로 패기가 넘쳤다. 우리가 만난 리콴유 역시 60대 중반 나이가 무색하게 청년 못잖은 활력이 넘쳤다.

싱가포르의 역사에서 리콴유가 차지하는 위치를 모르는 이는 없을 것이다. 그는 손바닥만 한 작은 섬나라를 영국 식민지와 말레이시아 연방에서 연거푸 독립시켰고, '아시아의 네 마리 용'의 하나로 키웠다. 그는 개방성·다양성·실용성을 바탕으로 한 국가 구조를 설계했다. 이는 해외의 돈과 기업, 인재가 몰려드는 '기업국가'의 출발이 됐다. 20세기 초만 해도 말레이반도 끝자락 작은 어촌 마을이 아시아 물류와 경제의 중심으로 우뚝 섰다. 물론 권위주의적 개발 정책과 언론 탄압 등으로 독재자라는 비판도 받지만, 그가 없었다면 오늘의 강소국 싱가포르는 없었을 것이다. 리콴유의 삶이 곧 싱가포르의 역사다. 그가 독립과 건국이란 대업을 이룬 게 40대였다.

"나는 평생 영국, 일본, 말레이시아, 싱가포르 네 나라의 국가를 부르며 살아왔다." 리콴유가 자서전 『내가 걸어온 일류국가의 길』에 쓴 말이다. 격랑의 싱가포르 현대사를 압축하는 표현이다. 그런데 그는 1979년 어느 날, 이런 말도 했다. "필요하다면 싱가포르 국가가 아니라 미국 국가를 부를 수 있다. 단 언제 미국이 필요 없을지 알아야 한다. 지금은 미국 없이는 안 된다." 독립 국가의 수장이 할 말인가 싶지만, 바로 이런 게 리콴유다. 강자들의 등쌀에 시달리는 작은 나라의 운명을 거스를 순 없지만, 그건 철저하게 계산된 것일 뿐이라는 실리주의자, 전략가의 면모다.

적과 동지를 넘나드는 능란한 정치술, 냉철한 현실감각, 거대한 비전과 추진력 등 리콴유 리더십의 핵심은 실용주의일 것이다. 그는 열대 기후 때문에 쾌적하게 일하기 어려운 싱가포르 국민들의 근로 환경 개선을 위해 에어컨을 활용하는 묘책을 내놨다. 싼 가격에 전기를 공급하고 공공건물 등 사무실 실내온도를 낮춰 24시간 경제활동이 가능하게 했다. 이 냉방복지 정책은 통했고, 자서전에서 그는 에어컨을 '싱가포르 성공의 일등 공신'으로 꼽기도 했다.

리 총리와 만남은 내가 제안했다. 당시만 해도 이건희 회장은 리 총리나 동남아시아에 관심이 없어서 처음 내 제안엔 시큰둥해했다. 40대 중반, 창업주의 셋째 아들로 거대 기업을 이끌게 된 이 회장은 경영 수업을 잘 받았으나, 이때만 해도 '이건희표 삼성'의 미래를 불안하게 보는 사람이 많았다. 1983년 이병철 회장의 지시로 삼성은 반도체 산업에 진출했고 이건희 회장 역시 반도체 산업에 명운을 걸고 있었다. 그러나 당시 분위기는 기대 반 우려 반이었다. 리더로 존재 증명을 해야 하는 이 회장에게 누군가 통찰과 용기를 줄 사람이 필요해 보였다. 어려운 현실을 돌파하는 강력한 리더십으로 강소국 신화를 쓴 리 총리가 떠올랐다.

나는 싱가포르 가는 길에 대만 반도체 회사 TSMC 창업주 모리스 창과의 만남도 제안했다. 지금은 세계 제1의 파운드리(반도체 위탁생산) 업체가 된 TSMC가 타이베이에 문을 연 지 3년째였다. 삼성과 달리 위탁생산에 전념하겠다는 모리스 창의 외신 인터뷰를 흥미롭게 읽은 터였다. 모리스 창은 미국의 반도체 기업 텍사스인스트루먼트 부사장 출신으로, 대만 정부가 산업 육성을 위해 적극 영입한 인재였다. 이 회장도 TSMC에는 관심이 많았다.

그런데 당시 리 총리 면담은 쉽지 않았다. 1979년 마지막으로 한국을 다녀간 리 총리는 무슨 이유인지, 그 이후 따로 한국인을 만나 주지 않았다. 우리 외무장관의 면담 요청을 거부했다는 얘기도 돌았다. 리 총리는 박정희 대통령이 서거 전 마지막으로 만난 해외 정상으로, 10·26 당일엔 제주도에 머무르고 있었다. 면담이 불발될까 노심초사했는데, 의외로 빨리 답이

왔다. 알고 보니 리콴유는 일본 전자산업에 정면으로 도전하는 삼성과 젊은 회장에게 관심이 많았다. 면담 상대의 지위나 이름값보다 내공과 가능성을 보고 사람을 만나고, 시간을 내는 게 리 총리다웠다.

◆ ◆ ◆

나와 이건희 회장은 싱가포르로 날아가 리콴유 총리와 만났다. 180cm가 넘는 큰 키에 형형한 눈빛의 리 총리가 우리를 맞이했다. 특유의 노타이에 카디건을 걸친 가벼운 차림이었다. 나는 통역을 맡았다. 처음엔 다소 딱딱한 분위기였지만, 이 회장의 화술과 매너가 빛을 발했다. 이 회장은 오랫동안 부친 이병철 회장을 모셔 나이 많은 이들의 심리를 잘 알았다. 노인들이 좋아하는 달콤한 추임새와 사근사근한 말투로 대화를 풀어갔다. 예정된 30분 면담은 1시간으로 늘었고, 공적인 대화를 넘어 사적인 얘기도 오갔다. "도대체 그 반도체 기술은 어디서 난 겁니까?" 리 총리의 질문에 이 회장이 넉살 좋게 답했다. "반은 사오고 반은 훔쳤습니다. 어디 가서 얘기하지 마십시오." 훔쳤다는 짓궂은 표현 때문일까. 리 총리가 박장대소했다. 나중에 들어보니, 리 총리가 가는 곳마다 이 얘기를 했다고 한다.

이 회장이 "살면서 후회되는 일이 없으시냐"고 물었을 때였다. 리 총리가 답했다. "(말레이시아 연방에서 분리할 때) 말레이에 남았다면 어땠을까, 항상 생각합니다. 요즘엔 말레이에 남았을걸 하는 생각이 더 많아요. 그랬다면 싱가포르의 300만 명이 아니라 말레이의 1700만 명을 현재 싱가포르 수준의 70%까지 끌어올렸을 것 같습니다." 싱가포르가 말레이시아 연방에서 강제 '독립 당한' 과거에 대한 아쉬움과 함께 본인 그릇에 싱가포르는 너무 작은 나라란 속내까지 내비친 것이다. 리 총리는 당시 연방 축출을 끝까지 반대했다.

이 회장이 냉큼 말을 받아 "70%가 아니라 90%겠죠. 총리님이 중국에서 태어나셨다면 더 큰일을 하셨을 텐데 아쉽습니다"라며 한껏 추어올렸다. 리 총리가 웃으며 손사래를 쳤다. "아니죠. 덩샤오핑이 싱가포르에 왔으면 나보다 훨씬 잘했을 것이고, 내가 중국에 갔다면 장관쯤 하지 않았을까요." 웃음으로 화답하던 이 회장이 문득 말했다. "하지만 작은 도시 국가를 운영하는 건 그대로 얼마나 즐겁습니까. 생각한 것을 곧바로 실행할 수 있고, 또 결과도 금방 나오니까요." 아직은 '작은' 기업을 경영하는 자신의 처지를 은근히 빗댄 질문이었다. 리 총리가 잠시 뜸을 들이다 입을 열었다. "아니죠. 참새나 독수리나 똑같죠. 몸에 있을 것은 다 있어야 하고, 똑같이 먹이 찾기에 골몰하며 살아가니까요." 싱가포르는 참새, 중국은 독수리일 것이다. 리 총리의 명답에 우리는 무릎을 쳤다.

그렇다. 참새나 독수리나 한살이에 필요한 고뇌는 똑같다. 작은 나라든 큰 나라든, 작은 기업이든 큰 기업이든 경영은 똑같이 어렵다. 작은 기업이라고 경영이 쉽고, 큰 기업이어서 더 어려울까. 그러니 크기를 따져 왜 이리 작은가 하고 한탄하거나, 앞서간 이들을 부러워하며 비교할 일도 아니다. 그저 정진하며 회사를 잘 경영하는 것이 최선이다.

사실 세상사도 그렇다. 부유하든 가난하든, 잘생겼든 못생겼든, 한국인이든 미국인이든 사는 모습은 비슷비슷하다. 행운과 불운, 환희와 탄식, 기쁨과 슬픔의 연속이다. 인생이란 게임의 속성은 다 거기서 거기다. 단 들고 있는 게임 칩이 누구는 백 원짜리, 누구는 만 원짜리로 차이가 날 뿐이다. 그러나 칩 크기가 다르다고 그 칩이 가진 의미와 가치가 달라지는 것은 아니다. 그러니 칩의 크기에 상관없이, 칩의 크기를 탓할 시간에 최선을 다하라는 메시지를, 장차 세계적 기업을 이끌게 될 이 회장에게 들려주고 싶었던 게 아니었을까.

◆ ◆ ◆

나와 리콴유 총리의 만남은 이후에도 몇 차례 더 이어졌다. 1998년 IMF(국제통화기금) 외환 위기 때의 만남이 특별히 생각난다. 나는 50이 코앞이었고 그는 70대 원로였다. 리 총리는 변함없이 솔직 호탕했고, 맥을 짚으며 핵심을 간파해 상대를 기꺼이 조아리게 만드는 거인의 풍모도 여전했다. 대화를 마무리하며 "요즘 어디에 제일 신경 쓰십니까"라고 묻자 그가 답했다. "이제 정치나 경제는 젊은 지도자들이 알아서 잘하니 그건 그들에게 맡깁니다. 나는 딱 두 사람에게만 신경 씁니다. 대장들과 잘 지내는 건 역시 대장의 몫이지요. 두 사람이 제 몫입니다." 그 두 사람은 수하르토 인도네시아 대통령과 마하티르 말레이시아 총리였다.

또 한번 큰 가르침을 얻었다. 점차 나이 먹어 가는 내가 깊이 새길 말이었다. 나이 들수록 노욕을 부리지 말고, 젊은이들을 믿으며, 작은 일은 후대에 넘기고 큰일에 집중해야 한다는 얘기였다. 대장은 대장답게 큰 생각을 하고, 큰 그림을 그려야 한다. 현역일 때와 물러날 때를 분별하는 것도 중요하다. 실제 주변을 둘러보면 한 조직의 지도자가 시시콜콜한 세부에 신경 쓰다가 대세의 변화를 놓치는 경우가 종종 있다. 한국 사회에 글로벌 인재들은 많아졌으나, 아직도 리콴유처럼 '거인을 상대하는 거인'은 부족하다는 생각도 한다. 거인을 상대해야 할 대장들이 툭하면 거리로 뛰쳐나가 대중을 자극하는 정치 현실에 안타까운 마음도 든다.

언론사에서 반은퇴한 요즘 리콴유의 말을 자주 떠올린다. 거인은 못 돼도 좋은 어른, 어른다운 어른은 되자며 지금 내 역할도 고민한다. 주변국과 관계 속에서 명분보다 실리를 택했던 실용주의자 리콴유의 삶을 반추하면서, 아시아 시대의 도래와 미·중 패권 전쟁에서 한반도의 평화를 확보하는 국제 협력 체제의 구축은 어떻게 가능할지도 고심 중이다. 통일·외교·안보 전문가들과 함께 한반도 주변 평화·협력 증진 방안을 모색하는 싱크탱크 '한반도평화만들기재단'을 만든 것도 그 일환이다.

참새든 독수리든 누구나 각자 자리에서 제 몫을 다하라. 나는 왜 참새인가, 왜 독수리가 아닌가 답 없는 질문에 빠지지 말라. 인생이든 비즈니스이든 크고 작음을, 높낮이를 따지고 비교할 시간에 자신에게 주어진 게임에 최선을 다하는 것, 그게 성공으로 가는 지름길이다. 오래전 리콴유가 말해 준 성공의 비법이다.

이건희 회장에게 배운 것

이건희 회장은 내게 아주 특별한 사람이다. 내 삶에, 경력에 큰 영향을 미쳤다. 사적으로는 좋은 매형이었고, 공적으로는 비즈니스의 모든 걸 알려준 스승이었다. 1986년부터 7년간 그와 함께 일하며 가까운 거리에서 진면목을 지켜봤고, 많은 것을 배웠다. 기업가로서 이건희는 삼성을 프로펠러 시대에서 제트기 시대로, 한국의 일류에서 세계의 일류로 이끌었다. 창업 이상의 대업이다. 사람을 압도하는 카리스마, 시장과 시대를 정확히 읽는 힘, 추진력은 따라올 사람이 없었다. 선입견 없이 본질을 직시하고, 내 관점을 고집하는 대신 다른 사람의 관점에서 입체적으로 사고했다. 지식으로 학습하고 실행하는 데

능한 나와 달리 동물적 촉이라고 할까, 직관력이 뛰어났다. 냉정하고 가차 없는 승부사의 면모도 있었다.

매형과 누님이 결혼한 건 내가 고3 때다. 백 점짜리 매형이었다. 여덟 살 아래 큰처남인 나를 친동생처럼 대했다. 통 큰 선물도 자주 했다. 미리 언질을 주거나 생색을 낼 법도 한데, 예상치 못한 깜짝 선물로 감동을 주곤 했다. 한번은 뒤늦게 감사 인사를 하자 자신의 좌우명이라며 "남에게 베푼 일은 가능한 한 잊어버리고, 은혜받은 일은 절대로 잊지 않는다"라는 말을 들려줬다. 보통은 거꾸로인데 말이다.

부친인 이병철 회장의 엄격한 훈육 탓일까. 이건희 회장은 말을 아껴 실수를 줄이는 쪽이었다. 평소에는 과묵했지만 일단 입을 열면 별로 버릴 말이 없었다. 사돈어른인 이병철 회장은 어려운 분이셨다. 술 한 모금 안 하시고 칸트처럼 철저하게 시간 관리를 하셨다. 흔히 술을 못하면 사업하기 힘들다고들 하는데, 이병철 회장은 술 못하는 본인 대신 필요할 땐 술 잘하는 부하 직원들을 내세우곤 했다. 그러고 보면 술을 잘해야 사업을 잘한다는 것도 잘못된 얘기다. 이병철 회장은 자식들에게는 좀처럼 자상함을 보이지 않고 엄격했는데, 내게는 다정히 대해주셨다. 아마도 큰일 하는 사람들이 흔히 그렇듯, 내면의 따뜻한 성품을 감추고 겉으로는 냉정한 공적 인격을 따로 키운 것 같았다. 목소리가 크지 않고 조용한 어른이라 함께 식사할 때는 음식 씹는 소리가 너무 커서 깍두기를 먹는 게 꺼려질 정도였다.

선친(유민 홍진기 전 중앙일보 회장)도 맏사위인 이 회장을 특별하게 아꼈다. 장인이자 스승으로 이건희 회장의 경영 수업을 도왔다. 1986년 아버지가 갑작스레 돌아가시자 이건희 회장은 나를 삼성으로 불러들였다. 예상치 못한 아버지의 빈자리, 큰아들로서 남은 일가를 잘 건사해야 한다는 부담이 너무도 클 때였다. 아버지가 삼성코닝의 대주주로 큰 재산을 남기셨다는 것도 돌아가시기 직전에야 알았다. 이 회장이 말했다. "내게는 두 명의 아버지가 있다. 한 분은 현실주의의 극치인 아버지이고, 다른 한 분은 학문과 이상주의의 극치인 장인이다. 그동안 장인어른에게 인생에 필요한 많은 것을 배웠다. 불행히도 시간이 없어 어른이 네게 가르침을 전하지 못하고 세상을 뜨셨으니 내가 대신할 의무가 있다. 지금 회사에서 나와 내 밑으로 와라."

막연하게 관료 아니면 학자의 삶을 꿈꿨던 내 인생 경로가 바뀌는 순간이었다. 나는 그때 미국에서 돌아와 정부에서 잠시 일한 뒤 KDI(한국개발연구원)에 적을 두고 있었다. 미국 유학과 첫 직장(세계은행)까지 미국 생활만 12년이었다. 매형의 뜻을 좇아 1986년 삼성그룹에 상무로 입사해 일한 7년은 사업가의 유전자를 이식받는 시간이었다. 평생 "공부하라" 말씀하셨던 아버지가 삶의 기본 태도를 가르쳐주셨다면, 매형은 돈을 다루는 법, 사람 대하는 법 등 현장의 지혜를 전해줬다.

"돈은 지갑에서 나와야 힘이 되고, 칼은 칼집에 있어야 힘이 된다."

이건희 회장이 자주 해준 말이다. 권력을 휘두르지 않을 때 권력자는 가장 힘이 세다. 아직 행사하지 않았으니 그 힘의 크기를 알 수 없어 사람들이 훨씬 두려워한다. 권력자가 권력을 남용하기 시작하면 언젠가 그 일이 부메랑이 돼 자신을 해친다. 사업은 반대다. 돈이 아까워 지갑에 쌓아놓는 것으로는 아무 일도 할 수 없다. 돈을 탐내는 도적이 들끓어 손해를 입는다. 그러니까 큰 사업가가 되려면 인색하지 말고, 확신이 설 때는 과감하게 지갑을 열어야 한다. 큰 사업가, 큰 부자일수록 남에게 베풀어야 한다는 뜻이기도 했다. 베푸는 것이 당장은 손해인 듯해도 장기적으로 내게 큰 이익으로 돌아오며, 베푸는 것이 부자의 사회적 소임이라는 것은 이후 살아가면서 두고두고 깨달았다.

"사치 중에서 가장 고급 사치가 뭔 줄 아니? 아무리 해도 욕 안 먹는, 최고의 사치. 그건 바로 사람 사치야."

이것도 이 회장이 자주 한 말이다. 그는 "네 주변에 좋은 사람을 두라"고 항상 강조했다. 이건희 체제에서 삼성은 인재를 중시하는 '인재 경영'을 내세웠다. 인재를 탐내는 것은 모든 기업이 똑같지만, 문제는 인재를 선발하는 기준이다. 삼성은 입사 전형에서부터 사람 됨됨이, 예의범절을 제일 중시하려 애썼다. 아무리 능력이 뛰어나도, 설령 명문대를 수석 졸업했다고 해도 인성에 문제 있으면 뽑지 않았다. 학교나 집안 등 배경보다 기본과 매너를 엄격하게 따졌다. 학벌주의가 아닌 '인성주의'라고 할까. 이는 이병철 회장 때부터 이어진 원칙인데, 이병철 회장이 제일 싫어한 게 거친 언행이었다. 품격이나 예의를 갖추지 않으면 비즈니스에도 장애가 된다고 여겼다.

현대의 경우 거침없이 질주하는 불도저 같은 추진력이 특징이자 강점이고, LG는 인화로 상징되는 가족 같은 분위기가 강점이다. 삼성의 기업 문화는 업적주의가 강했다. 공적인 관계로 맺어진 회사 구성원들이 고교·대학 동문회나 사조직을 만드는 것도 허용하지 않았다. 구성원들의 사적 관계를 과도하게 통제한다고도 볼 수 있지만, 그 덕에 특정 라인에 줄을 서거나 사내 정치를 하지 않아도, 특정한 배경이 없어도 능력만 있으면 인정받는 분위기가 만들어졌다. 소유주 일가에서도 처음부터 중역으로 입사한 사람은 1990년대까지는 나를 비롯해 이건희 회장 등 세 사람밖에 없었다.

이건희 회장은 '인재 경영'을 일상에도 실천했다. 출장 가서 회식하면 윗사람부터 말단 직원까지 똑같은 음식을 먹게 했다. 아주 값비싼 와인을 직원들에게도 똑같이 따라줬다. 같이

고생했으니 같은 음식을 먹는 게 당연하지만, 동네 중국집만 가도 직급 따라 상하가 나뉘고 메뉴가 다른 것이 흔한 현실 아닌가. 사람 사치는 단순히 뛰어난 인재를 뽑는 게 아니라 사람을 존중하고 정성껏 대하는 일이라는 걸 몸소 보여주었다. 그는 부하 직원에게 과제를 맡겼는데 최선을 다했다고 생각하면 설령 결과가 마음에 들지 않아도 책을 잡지 않았다. "상대가 최선을 다했는데 질책을 받으면 다시는 최선을 다하지 않는다. 설혹 부족해도 칭찬해야 계속 최선을 다하지 않겠느냐." 그의 말이 가슴에 남았다.

◆ ◆ ◆

그런데 우여곡절 끝에 오른 그룹 회장이란 자리가 마냥 행복하기만 했을까. 언젠가 이 회장에게 물어본 적이 있다. "만약 그룹 회장이 안 되었다면 무얼 하셨을까요?" 그가 말했다. "나도 그런 생각을 해본 적이 있는데, 삼성 주식을 다 팔아서 미국으로 건너가서 맥도널드 햄버거 체인 지점을 한 100개쯤 샀겠지. 그러고 나서는 골프도 치고, 하고 싶은 것 맘껏 즐기면서 내 페이스대로 시간을 쓰는 거지. 나는 남이 정한 시간에 맞춰 못 사는 사람이니까. 그렇게 사는 것도 괜찮은 인생이었을 것 같은데, 내 운명이 이러니 생고생하는 거지. 하하."

그 말 중에서 남이 정한 시간이 아니라 자기 시간의 주인으로 산다는 말에 귀가 번쩍 뜨였다. 바로 그런 게 리더의 본능이고 카리스마의 근원이 아닌가. 이전까지 공무원으로 남이 정한 시간에 맞춰 살아왔던 나였다. 자기 시간을 100% 자기가 관리할 수 있는 권한과 능력, 이건 아무나 가지는 게 아니다. 시간 관리의 엄격함은 이건희 회장과 삼성을 이해하는 주요 키워드다. 시간의 주인이 된다는 건, 이후 내 삶의 큰 화두가 됐다.

이 회장은 또 평소엔 상대방을 배려했으나(사업에 필요하면 더더욱 그랬다), 자신의 스타일이나 취향에 대해서는 좀처럼 양보하지 않았다. 김영삼 대통령 때 일이다. 청와대의 한 인사가 김 대통령의 불편한 심기를 전해왔다. 대통령이 재벌 총수들을 불러 환담하다가 양복 윗도리를 벗으라고 권했는데 이 회장만 옷을 벗지 않았다는 것이다. 추운가 싶어서 잠시 놔두었다가 15분쯤 지나 다시 권했는데도 이 회장이 살짝 미소만 짓고는 여전히 옷을 벗지 않았다. 대통령이 그를 괘씸하게 여겼다는 전언이었다. 이 회장에게 말을 전했더니 "뭐, 벗는 게 상식이지" 하고 대수롭지 않게 넘겼다. 윗옷을 벗고 안 벗고는 개인 문제지만, 당시 같은 제왕적 대통령 앞에서 자기 스타일을 고집하는 게 보통 일은 아니었다. 작은 에피소드지만 이 회장은 이처럼 사정이 허락하는 한 철저히 자신에게 맞추어 살았다. 높은 자존감의 발로다. 물론 내 시간의 주인이 되는 것은 그 책임의 무게까지 온전히 감당하는 일이란 것도 보여줬다.

"나는 김정일 심정을 이해해. 나하고 김정일이 같은 게 두 가지 있지. 하나는 영화를 좋아하는 것이고, 또 하나는 노인네 심리를 잘 아는 거지."

어느 날 불쑥 이 회장이 북한의 김정일 국방위원장 얘기를 꺼냈다. 이 회장과 동갑인 김정일 위원장은 스물일곱 살인 1969년에 당 조직지도부 부부장으로 중앙 무대에 진출했다. 후계자 지위가 완전히 확정된 것은 1980년 서른여덟 살 때 당 비서가 되면서다. 무려 11년이 걸렸다. 그사이 김정일의 고생은 이루 말할 수 없었다. 들리는 바에 의하면, 김일성이 잠들기 전에는 먼저 잠자리에 들지 않았다고 한다. 김일성이 시키는 어려운 일을 다 처리하고 심기를 살피면서 결국 이복동생들을 경쟁에서 밀어냈다.

이 회장이 김정일 이야기를 꺼낸 건 본인도 후계 수업 때 무척 고생했다는 뜻이다. 이 회장은 세상에서 가장 까다로운 두 사람에게 후계 수업을 받았다. 이병철 회장과 선친이다. 일단 형제가 많아서 경쟁이 치열했다. 이병철 회장은 아들을 정말 엄하게 다뤘다. 이건희 회장이 실수하거나 일 처리가 마음에 안 들면 겉으론 별말 없지만 피 마르는 압박감을 느끼게 했다. 말년에 이를 때까지 후계에 대한 어떤 확약도 주지 않았다. 이건희 회장이 장인을 더 의지하고 이런저런 상의를 한 것도 이 때문일 것이다.

아버지 또한 만만한 분은 아니셨다. 사위를 사랑으로 대했으나 일에서는 역시 엄격했다. 무엇보다 사위에게 국내 최고 기업에 걸맞은 큰 꿈을 불어넣으려 했다. 한국이 아니라 세계를 바라보게 했고, 기준에 미치지 못하면 반복 학습을 시켰다. 사업을 물려받는다는 것은 단지 리더 자리를 물려받는 게 아니라 창업자로부터 이어지는 어떤 기준을 물려받는 것이다. 세계적 기업일수록 기준은 높고, 후계자가 그 기준을 넘어서지 못하면 사업을 물려받아도 기업의 앞날에 먹구름이 낀다. 비즈니스 세계에서 몇 대를 이어가는 기업이 드문 것은 이 때문이다.

영화를 좋아한다는 것도 그저 취미가 같다는 의미가 아니었다. 이건희 회장은 마음에 드는 영화가 있으면 한 편을 보고 또 봤다. 처음엔 그저 영화 애호가의 남다른 버릇이라고 여겼는데, 알고 보니 이 사람 관점에서 한 번 보고, 저 사람 관점에서 한 번 보고, 감독과 다른 관점에서 한 번 보는 등 한 편을 입체적으로 보고 있었다. 자기 관점에 매몰되지 않고 다른 관점, 여러 관점에서 봐야 전체 흐름을 꿰뚫을 수 있고 정확한 판단이 가능한데, 영화의 반복 관람을 통해 그런 훈련을 하고 있었던 것이다.

이 회장은 관찰력도 남달랐다. 한번은 내가 비행기에서 이 회장 무릎에 커피를 쏟았다. 회장의 말이 "언제 네가 한번 쏟을 줄 알았는데, 오늘 쏟는구나"였다. 평소 내가 커피잔 놓는 모습을 지켜봤다는 얘기다. 불안하면 미리 나무랄 법도 한데 그러질 않았다.

실제 이 회장은 자식들의 잘못에 대해서도 스스로 발견하고 고치도록 했다. 큰돈을 쓴다고 간섭하지 않았지만, 적은 돈이라도 쓸데없는 곳에 허투루 쓰는 것은 용납하지 않았다. 이병철 회장이 자신에게 그랬듯 교육 방식은 엄하고 혹독했다. 자식들에게 어려운 숙제를 주고 스스로 해결하며 성장하게 했다. 야성이 부족하면 크게 질타했다. 문제를 여러 관점에서 바라보고 분석하는 법을 단련시켰다. 특히 이 회장이 나나 자식들에게 경영자의 으뜸가는 자질로 원했던 것은 세상을 '있는 그대로 보는 법'이었다. 자기 좋은 대로 보는 게 아니라 선입견 없이, 남의 관점에서도 봐야 본질이 보이고 정확한 판단을 할 수 있기 때문이다.

◆ ◆ ◆

"마누라와 자식 빼고는 모두 바꿔라."

1993년 이 회장의 유명한 '프랑크푸르트 선언'이다. 그룹 회장으로 취임한 지 7년째였다. 이 선언을 기점으로 이병철 시대가 막을 내리고 이건희 시대가 열렸다. 삼성이 한국의 기업이 아니라 세계의 기업으로 도약하기 시작했다. 그전까지 반신반의했던 이건희 리더십이 확실히 뿌리내렸다. 무엇이 어떻게 바뀐 것일까.

이건희 회장은 그 이전에 몇 년째 삼성 전체의 방향 전환에 몰두해 있었다. 삼성그룹 전체를 합쳐서 2000억 원 정도 이익이 날 때였다. 삼성전자 시가총액이 일본 소니의 4분의 1도 되지 않았다. 프랑크푸르트 선언이 나오기 1년 전 이 회장은 한 중역에게 물었다. "5년 안에 이익을 1조 원으로 늘리고, 직원들 월급을 2배로 올리는 게 가능하겠습니까? 사람 쥐어짜는 것 말고 발상의 전환을 통해서."

이건희 회장의 담대한 목표에 간부는 고개를 저었다. 결국 그는 옷을 벗어야 했다. 이를 시작으로 '발상의 전환'에 미온적이거나 부정적인 사람들은 하나둘 물갈이됐다. 혁신을 위한 내부 교체였다. 남들은 다 불가능하다고 했지만, 이 회장이 가능하다고 믿은 데는 이유가 있었다. 무엇보다 시대적 요인이 있었다. 아날로그에서 디지털 시대로 바뀌는 전환기였다. 이런 전환기에 과거에 성공한 경험이 많은 기업들은 오히려 변화와 혁신이 어렵다. 이미 성공한 기술이 많이 있으니 새로운 기술을 받아들이기 어렵고, 성공의 주역이던 내부 인력들이 혁신의 적이 되기도 한다. 이 회장은 1등 소니에게 더 이상 과거 같은 영광은 없으리라 확신했다.

이 회장은 일본 전자산업을 추격하며 반면교사로 삼았다. 일본 전자 기업의 큰 특징은 연구 조직과 생산 조직의 분리였다. 이는 각 조직에 자율성을 주는 반면 현장과 동떨어진 연구에 역량을 낭비하는 문제도 있었다. 이 사실을 깨달은 이 회장은 연구소와 생산 조직을 결합하고, 경쟁사와 해외에서 최고 인재를 영입하라는 지침을 내렸다. 최고 인재에게는 최고의 보상을 약속했다. 사장보다 월급 더 받는 직원이 많이 나와야 한다고 간부들을 닦달하기도 했다. 인재 영입에 제일 많은 시간과 노력을 들이고, 그들을 적재적소에 배치한 후 권한을 주고, 실적에 따라 평가했다.

결재라인도 단순화했다. 보통 결재 서류에 도장을 20개 정도 찍었는데, 월요일 아침 결재라인에 있는 20명을 한자리에 모이게 해서 안건을 논의하고 합의되면 한 번에 도장을 찍게 했다. 그 덕분에 의사결정 과정과 시간이 획기적으로 줄었다. 생산과 연구의 일원화, 결재라인의 단순화, 인재의 선점과 혁명적 보상 체계의 도입. 이것이 이건희 개혁의 출발이었다.

사실 아무리 시대적 전환기라 해도, 기존에 안정적으로 잘하던 사업을 접기란 쉽지 않은 결정이다. 하지만 새 분야에서 경쟁하려면 옛것을 버려야 했다. '자기가 원하는 싸움터에서 자기가 원하는 시간에 싸워야 승리한다'는 건 손자병법에도 나오는 얘기다. 남의 싸움터에서는 잘 싸워봐야 2등밖에 못 하는 법이다. 삼성은 소니가 이끌던 낡은 아날로그 시장을 버리고 디지털로 전환했다. 그것도 총력전이었다. 신속한 결단과 리더의 무한책임이 결합된, 중앙집중식 오너 경영이 아니라면 어려웠을 일이었다. 화합과 분권 체제인 일본에서는 불가능했고, 전문 경영인 체제인 미국에서도 힘들었다.

프랑크푸르트 선언 이후, 삼성은 저가 제품을 많이 팔아 치우는 '양의 경쟁'보다 고급 제품으로 세계시장에서 경쟁하는 '품질 경영'을 선언했다. 과거 같으면 어떻게든 재생해 쓰려고 했을 불량 제품 500억 원어치를 구미 공장 마당에 산더미처럼 쌓아놓고 불태우는 퍼포먼스도 벌였다. 현재 가치로 치면 수천억 원어치를 날려버린 건데, 당장은 손해여도 장기적으로 이기는 게임을 하겠다는 선언 같은 일이었다. 알다시피 개혁 성과는 10년도 되기 전에 나타나기 시작했다. 2000년대 초반 삼성전자는 소니를 추월했고 2010년대 들어서는 4배 이상 큰 회사가 되었다. 역전에 성공한 것이다.

1994년 삼성을 떠나 중앙일보의 대표가 된 후에도 이 회장의 가르침은 이어졌다. 어떤 것은 기꺼이 따를 만했고, 어떤 것은 도저히 미칠 수 없었고, 어떤 것은 나와 기질이 맞지 않았다. 하지만 분명한 것이 있다. 선입견을 벗고 여러 관점에서 두루 살피는 입체적 사고, 성과 중심의 집요한 실행력, 거기에 고독한 사자에 가까운 오너 경영의 강점이 더해져 탄생한 것이 '이건희 신화'다. 특히 머릿속을 싹 비우고, 있는 그대로 바라보는 태도와 특유의 직관은 '생각과 관념이 많은' 내가 아직도 배우고 있다.

  물론 이제는 시대가 바뀌어 오너 한 사람의 통찰과 비전에만 의존하는 톱다운 방식엔 한계가 있다. 새로운 리더십, 새로운 거버넌스가 필요하다. 젊은 리더들의 과제다. 그러나 포스트 이건희가 되려면 반드시 이건희를 배우고, 이건희를 넘어서야 한다. 이건희 리더십의 핵심에는 언제든 '사람'이 있었다.

내 피에는
잉크가 흐른다

　무언가를 읽는 것은 평생의 습관이다. 그냥 몸에 배었다고 하는 게 맞다. 신문도 읽는 것이니, 직업도 읽는 것과 관련이 있다. 내 독서 습관은 아버지께 배운 것이다. 어린 시절 아버지에 대한 기억은 항상 책을 읽고 계시던 모습이다. 그 시대 여느 부모와 달리 매를 들거나 야단을 치신 적은 한 번도 없고, 그저 열심히 책을 읽으면서 모범을 보이셨다. 교과서나 시험공부를 위한 독서가 아니라 평생 교양의 원천이 될 방대한 독서를 유도하셨다.

　자식에 대한 훈계도 "공부하라"는 말씀이 전부였다. 심지어 내가 박사 학위를 받자 하신 말씀도 "박사라고 별거 있나. 요즘

뭐 읽고 있냐. 공부해라"였다. 아버지는 책을 읽으며 여백마다 깨알같이 메모해 깨끗한 책이 없을 지경이었다. 어린 나는 '메모할 시간에 책을 한 권 더 읽으시지'라고 생각했으니 독서에 대해서는 나도 탐욕스러운 구석이 있었던 것 같다.

  내 독서 스타일은 종류를 가리지 않고 닥치는 대로 읽되, 좋은 책은 한 번 읽기보다 여러 번 반복해 읽는 것이다. 책에 있는 깊은 깨달음은 한 번 읽고 마는 것이 아니라는 생각 때문이다. 존경하는 김흥호 목사님은 종교에 대해 비슷한 말씀을 하셨다. "종교는 알고 또 아는 거지, 한 번에 아는 게 아니다." 실제 예전에 읽은 책을 다시 읽어보면 그땐 몰랐던 부분이 새롭게 눈에 들어오는 경험이 누구에게나 있을 것이다. 그동안 내가 성장했고, 아는 만큼 보이기 때문이다. 책은 서재, 침대 머리맡 등 집 안 구석구석 손길 닿는 곳마다 놓아두고 여러 권을 동시에 읽는다. 읽는 일 자체가 즐겁고, 지식이 쌓여가는 것도 즐겁다. 한참 어리고 겁 없을 때는 독서를 통해 쌓은 지식을 남에게 자랑하는 즐거움도 꽤 컸음을 고백한다.

◆ ◆ ◆

  책을 좋아하는 조숙한 소년이던 나는 신문도 열심히 읽었다. 초등학교 5학년 때 4·19가 터졌고 장관이던 아버지의 신상에 문제가 생기면서 집안이 풍비박산 났다. 이때 세상 돌아가는 얘기를 놓치지 않으려 신문을 악착같이 읽었다. 1면 톱에 아버지 얼굴이 실려 있곤 했다. 신문이 4~8면 나오던 시절이라 1면부터 끝까지, 심지어 광고까지 샅샅이 읽었다.

얼마 전 "인생의 첫 책이 뭐냐"는 질문을 받고 돌이켜보니 초등학생 때 읽은 『천로역정』이 떠올랐다. 서울 신문로 우리 집에서 거리가 상당했던 동대문 서점까지 걸어가 이 책 저 책 뒤지다 고른 책인데, 아마도 누군가에게 얘기를 들었던 것 같다. 기대보다 큰 재미가 없어서 고통스러워하면서도 끝까지 읽었던 기억이 난다. 기독교 신자도 아닌데 종교적 구원을 다룬 소설에 그렇게 어린 나이에 꽂히다니 지금 생각해도 이상한 일이었다. 우리 집이 정치적 격변에 휘말리기도 전인데 그때부터 내 마음 한구석에 어떤 외로움이 있었던 걸까.

◆ ◈ ◆

아침 일과를 신문 읽기로 시작하는 것은 60년 넘은 습관이고, 1994년 중앙일보 대표가 된 다음에는 신문 읽기가 주 업무가 되었다. 요즘은 종이신문의 입지가 예전만 못하고 나 역시 모바일로 뉴스를 많이 접하지만, 집무실에서 종이신문들을 몰아내지 못하고 있다. 잉크 냄새 진한 종이의 매력을 떨치지 못하는 신문쟁이의 피다. 끝없이 링크가 링크로 이어지는 디지털과 달리, 그날 발생한 뉴스 전체의 경중을 따져 시각적으로 한눈에 보여주는 데는 종이신문만 한 게 없다. 특히 시간을 경제적으로 써야 하는 리더들에게 여전히 유용하다. 아무리 신문산업의 위상이 추락하고 위기라 해도 가짜 뉴스가 창궐하는 인터넷 뉴스 환경에서 신뢰할 수 있는 고품질 저널리즘에 대한 사회적 요청은 더 커지며, 민주주의를 위해서라도 레거시 미디어는 죽지 않을 것이라고 확신한다.

중앙일보 대표가 된 지 두 해가 지난 1996년 3월, 미국 뉴욕 사무실에서 '미디어 황제' 루퍼트 머독 뉴스코퍼레이션 대표를 만났다. 최고 신문을 만들어 보고 싶다는 뜨거운 열정으로 사장인 내가 직접 각 분야 세계적 인물들을 만나고 인터뷰할 때였다. '세계에서 가장 영향력 있는 사람 1위'에 뽑힌 머독에게 인터뷰 요청을 했더니 흔쾌히 수락했다. 사무실에서도 머독은 비서 없이 나를 직접 맞이하고 90분 대담 후에는 엘리베이터까지 배웅했다. 거대 미디어 그룹의 총수답지 않게, 동양에서 온 낯선 이에 대한 환대가 예상 밖이었다. 미디어 제국을 건설한 그의 성공 비결에는 이런 겸손한 태도도 한몫한 게 아닐까. 자신을 낮출 수 있는 사람이 높이 오르는 법이다.

호주의 작은 지역신문 사주 아들로 태어난 머독은 옥스퍼드대 유학 시절에는 영국 명문가 자제들한테 무시당하기도 하고, 한때 마르크시즘에 심취하기도 했다. 기숙사 방에 레닌 흉상을 갖다 놓을 정도였다. 그런 그가 지금은 세계 미디어 업계 최고 거물, 그것도 대표적인 우파 거물이 됐으니 아이러니한 일이다. 아버지로부터 신문사를 물려받은 그는 호주 미디어 업계를 평정한 데 이어 영국, 미국 등의 신문, 잡지, 영화사 등을 잇따라 인수하며 뉴스코퍼레이션을 세계 최대 미디어 그룹의 하나로 키웠다. 눈부신 성공 신화다.

머독을 만났을 때는 인터넷이 막 상용화돼 디지털 사회의 향방에 의견이 분분할 때였다. 그런데 머독은 단호했다. "내 피에는 잉크가 흐른다." 신문으로 시작해 방송, 출판, 영화 등 전방위적인 미디어 제국을 이끌고 있지만 모체인 신문산업의 가치와 그에 대한 애정은 변함없다는 얘기였다. "신문의 세계에 살면, 사회에서 일어나는 모든 재미있는 사건의 한가운데에 있을 수 있다. 신문 사업 이외의 인생에 나를 바친다는 것은 생각할 수 없다." 그는 열두 살 무렵부터 다른 인생을 생각조차 할 수 없을 정도로 신문과 미디어에 빠졌다고 했다.

반면 머독을 인터뷰하기 며칠 전 서울에서 만난 빌 게이츠는 정반대였다. 서울에서 열린 한 행사에 초청받은 그는 "10년 후 신문은 사라진다"라고 단언했다. 행사가 끝난 뒤 내 사무실을 찾아와 대화를 나눴는데, 그때도 강한 어조로 신문의 종말을 예측했다.

30년 가까운 세월이 흐른 현시점에서 돌이켜보면, 결과적으로 빌 게이츠 예측은 빗나갔다. 영향력이 예전만 못한 것은 사실이나, 신문은 여전히 우리 곁에 건재하다. 뉴욕타임스, 니혼게이자이신문 등 세계의 주요 언론사는 온·오프라인을 적절히 결합한 사업 모델로 빠르게 힘을 회복해 가는 중이다. 오히려 기존 뉴스와는 전혀 다른 어법으로 한때 전 세계 언론사 온라인 방문자 1위를 기록하며 승승장구하던 버즈피드가 문을 닫았다. 레거시 미디어의 역할, 고품질 저널리즘에 대한 사회적 요청이 여전하다는 증거다.

당시 머독과 대담 기사를 다시 찾아보니 천하의 머독도 틀린 것이 있었다. 그때는 한국에서 케이블TV가 막 개국했고 IPTV는 출범하기 전이었는데 "광섬유를 이용한 케이블이 보편화되어 소비자들이 집에 앉아서 온라인 서비스를 받는 날이 올 것인가"라는 내 질문에 "내가 죽기 전엔 안 온다"라고 답한 것이다. 하긴 모든 걸 다 잘 알 수는 없는 일이다.

같은 해 다보스 포럼에 참가한 기억도 난다. 『디지털이다(Being Digital)』의 저자 니콜라스 네그로폰테가 블룸버그 통신의 마이클 블룸버그와 미디어 세션에서 설전을 벌였다. 책이 나온 지 일 년밖에 지나지 않아 반향이 대단한 때였다. 블룸버그가 끝까지 "인간은 아날로그적 동물"이라며 디지털의 미래에 회의적 태도를 보이자 네그로폰테가 진저리를 쳤다. "당신같이 유능하고, 당신같이 유명하고, 당신같이 멋있는 사람이 그런 바보 같은 생각을 하다니!" 블룸버그도 가만있지 않았다. "난 스키나 타러 가겠소"라면서 세미나장을 박차고 나가버렸다. 당시 회의장에 있는 사람들의 의견도 갈렸다. 솔직히 나도 그땐 3:7로 네그로폰테보다 블룸버그 쪽에 마음이 기울었는데, 그때 판단을 달리했으면 많은 게 바뀌지 않았을까 한다.

◆ ◇ ◆

　머독의 삶에서 한 가지 더 인상 깊었던 것은 그가 꿈을 실현해 가는 방식이다. 전형적인 자수성가 스타일인 머독은 40대에 미국 뉴욕에서 살기 시작했는데, 그때 제일 먼저 한 일이 최고급 아파트에 입성하는 일이었다. 뉴욕 중심가에 있는 코옵(Co-op) 형태의 아파트였는데, 돈이 있다고 아무나 살 수 있는 곳이 아니었다. 입주민들로 구성된 위원회의 까다로운 심사를 통과해야 했다. 당시 아파트 맨 꼭대기 펜트하우스에는 미국 부통령을 지낸 넬슨 록펠러의 동생 로런스 록펠러가 살았다. 석유왕 존 D. 록펠러의 손자로, 미국 부호 중 한 사람이었다. 머독은 이 아파트 입주를 미국 주류 사회 진입의 상징으로 여겼는데, 당장 여력이 안 되니 거기서 제일 싼 집을 얻었다. 그리고 다짐했다. "록펠러 다음에 펜트하우스 주인은 내가 될 것이다." 몇 년 후 머독은 꿈을 이루게 된다.

  머독은 자신이 바란 것 대부분을 인생에서 이뤘다. 우선 꿈을 높이 꿨다. 어디서든 최고가 될 때까지 만족을 몰랐다. 코옵에 들어가는 것도 어려운 일인데, 입주하는 날 '세계 최고 부자가 사는 집에서 살겠다'고 맘먹는 것 또한 보통 패기가 아니다. 위태로울 정도로 높은 꿈을 세우고, 그걸 이루기 위해 최선을 다하고, 끝내 목표에 달성하고 마는 머독의 삶은, 꿈꾸지 않고서는 아무것도 이룰 수 없음을 잘 보여준다.

  인터뷰를 마무리하며 "부친을 넘어서야 한다는 경쟁심이 당신을 세계 최고의 언론인으로 만들었느냐"라고 물었다. 나나 그나 대를 물려 언론사를 운영하는 것이 똑같았다. 그가 답했다. "아버지로부터 물려받은 원칙이 하나 있다. 저널리즘의 올바른 원칙을 생각하고 직업으로서의 저널리즘 수준을 높이라는 것이다. 이를 지키려 한다." 그러더니 한마디 덧붙였다. "세계 최고 영향력은 내가 아니고 뉴욕타임스 설즈버거 가문이다. 뉴욕타임스나 워싱턴포스트가 시장에 나온다면 얼마를 주더라도 꼭 사겠다." 때론 선정적 보도로 비판받는 그가 뜻밖에도 일류 권위지에 대한 선망을 숨기지 않은 것이다. 물론 뉴욕타임스는 아직도 건재하고, 워싱턴포스트는 아마존의 제프 베이조스에게 넘어갔다. 머독은 월스트리트저널을 손에 넣는 것으로 대신해야 했다.

일류가 되려면 일류에 대한 정의를 스스로 내린 후, 이를 달성하는 지도를 작성하고, 목표를 향해서 한 걸음 한 걸음 전진하는 방법밖에 없다. 머독의 삶이 그걸 잘 보여준다. 작은 성취를 큰 성취로 이어가는 지치지 않는 도전이 그를 미디어 황제로 만들었다. 출발은 신문에 대한 열정이었다. 아직도 그의 말이 귓가에 맴돈다. "내 피에는 잉크가 흐른다."

리더에게는 생각하는
공간이 필요하다

    강건성세(康乾盛世)로 불리는 중국 청나라의 전성기를 이끈 건륭제는 유명한 서화광이었다. 심혈을 기울여 아름다운 그림과 멋진 글씨를 수집했다. 천하는 힘으로만 통치하는 게 아니다. 백성을 잘 먹고 잘살게 하는 것만으로도 충분하지 않다. 백성이 진심으로 따르게 하는 정신적 가치를 창출하지 못한다면 사상누각이다.

    힘으로 한족을 누르고 중국 전역을 지배한 청나라 만주족은 백성 전체가 좇을 수 있는 정신적 가치를 창출해야 했고, 그 정점에 있는 황제는 만방의 문화를 사랑하는 법을 익혀야 했다. 누르하치로부터 홍타이지까지는 정복에 정신이 없었고, 네 번째 황제인 강희제에 이르러 청나라는 비로소 중국 본토의 문화까지 아우르게 되었다. 지도자가 문화의 힘까지 이해할 때 비로소 조직은 융성한다. 실제로 황제가 문화를 사랑하고 학술을 진흥했던 강희·옹정·건륭 등 세 황제의 치세 130년 동안 청나라는 전성기를 누렸다.

건륭제는 선대로부터 동진(東晉) 시대 명필 왕희지의 「쾌설시청첩(快雪時晴帖)」과 그 아들 왕헌지의 「중추첩(中秋帖)」을 물려받은 후 늘 곁에 두고 감상했다. 중국에서는 두보를 시성(詩聖)으로, 왕희지를 서성(書聖)으로 부른다. 성(聖)은 인간의 마음과 하늘의 뜻을 하나로 통하게 하는 것을 말한다. 두보의 시는 인간의 세상을 읊었으나 그 안에는 하늘의 마음이 담겨 있고, 왕희지의 글씨는 사람의 솜씨이나 그 필획에는 하늘의 기운이 담겨 있다는 의미다.

건륭제는 왕희지의 글씨 옆에 신(神)이라고 큼직하게 적고, "하늘 아래 비견할 글씨가 없고, 예나 지금이나 대적할 작품이 없다"라고 감상을 달아서 자신의 문화적 감식안을 증명했다. 황제가 문화를 보는 눈높이를 갖추면 천하의 보물이 모여들고, 황제가 명품을 사랑하면 자연스레 문화의 수준이 높아진다. 일찍이 연암 박지원이 『열하일기』에서 북경의 유리창 거리를 거닐며 감탄했듯이, 건륭 치세에 물산의 화려함과 풍부함은 매혹적이었다.

황제 즉위 11년째인 1746년 봄, 건륭제에게 또 다른 보물이 생긴다. 신하들이 왕순의 「백원첩(伯遠帖)」을 구해 바친 것이다. 「쾌설시청첩」이 해서의 단정함과 행서의 활달함을 함께 갖춘 명품이고, 「중추첩」이 초서의 자유로움을 보여주는 명품이라면, 「백원첩」은 동기창의 말처럼 깨끗하고 담백해서 고졸한 맛이 넘치는 명품이었다. 건륭제는 크게 기뻐하면서 자금성 양심전에 세 작품을 한 번에 즐기면서 책을 읽을 수 있는 작은 서재를 마련했다.

　방 크기는 두 평 조금 넘게 작고 아담했다. 한 평 남짓한 안쪽 공간은 가볍게 몸을 풀 수 있는 휴식처로 꾸미고, 창가 쪽 햇볕 잘 드는 바깥 공간에는 책과 서화를 감상할 수 있는 서안(작은 책상)과 의자를 놓았다. 그러고는 '삼희당(三希堂)'이란 편액을 달았다. '세 가지 귀한 보물이 있는 집'이라는 뜻이다. 단단하고 우아한 문갑에는 동진 이래 명필 글씨 340점, 탁본 495점을 보관해 언제든 꺼내 볼 수 있게 했다. 어른 둘이 마주 앉으면 꽉 차는 작은 방이지만, 안에는 역사가 있고 천하가 깃들었다.

◆ ◆ ◆

　2017년 11월, 미국과 중국의 정상회담 때 시진핑 중국 주석은 트럼프 미국 대통령을 이 방으로 초대해 환담했다. 서재란 주인의 취향이 고스란히 스며 있는 내밀한 공간이다. 황제의 서재로 맞수를 불러들임으로써 시진핑은 극진한 환대와 함께 자기 뜻을 전했다. "큰 눈이 내리더니 때마침 맑아졌네요(快雪時晴). 불편한 관계는 여기까지 하고, 이제 차 한 잔과 함께 평화와 공존의 날들로 이어갑시다." 문화를 통해서 속내를 전하는 중국 전통의 수준 높은 접대를 보여준 셈이다.

 리더에게는 홀로 '생각하는 공간'이 필요하다. 삼희당이 보여주듯 공간은 좁아도 상관없다. 바다처럼 넓은 자금성에서 믿기지 않을 만큼 작은 방이 삼희당이다. 물건이나 책은 많지 않아도 좋다. 볕이 잘 드는 창과 마음을 감싸는 아늑한 공간이라면 충분하다. 일상에서 한 발 떨어져서 자신을 돌아보고 대국적으로 사태를 바라볼 수 있는 곳이면 된다. 좋은 서재 없이 좋은 리더가 되는 것은 불가능하다.

 평생 공부에 전념했던 아버지 역시 서재에 애착을 보이셨다. 형편이 좀 나아져서 집을 새로 꾸밀 때 물건에는 별 욕심 없는 분이 서재 하나는 뜻대로 만들고 싶어 하셨다. 넓지는 않았다. 삼면을 책꽂이로 채워 책에 둘러싸이게 한 다음 자주 꺼내 보거나 아끼는 책들은 쉽게 찾을 수 있게 동선을 짰다. 집에서 아버지는 대부분의 시간을 그곳에서 보내셨다. 중요한 판단을 위한 숙고의 장소였다. 나도 아버지 서재에 자주 들락거렸다.

아버지가 읽는 책을 보면 곧 무슨 일이 생길지 짐작할 수 있었다. "이 사람아, 공부해"라는 말을 입에 달고 사신 아버지는 '학습하는 인간'이셨고 서재는 '생각하는 공간'이었다. '책에 대한 경외심'은 아버지가 주신 큰 선물이었다.

사람살이란 작은 일을 쌓아서 큰일을 이루는 것이고, 한 걸음씩 걸어서 먼 거리를 가는 것이다. 앉아서 우주를 통찰하고 고금을 살필 수 있다면 방 크기가 무엇이 중요하겠는가. 서재는 홀로 생각하는 자리이므로 너무 넓으면 마음이 허해지기 쉽고 지나치게 물건이 많으면 정신이 흐려지기 쉽다. 건륭제가 그랬듯이 아늑히 꾸며진 세 평 방에 생각을 도울 수 있는 책이나 그림 몇 점이면 충분하다.

◆ ◆ ◆

오래전부터 나도 삼희당 같은 곳을 갖고 싶어서 집에 서재를 꾸몄다. 운 좋게 손에 들어온 추사의 '사서루(賜書樓)' 글씨와 정선의 '장동팔경(壯洞八景)' 중 하나를 걸어두고 있다. 서양화 몇 점과 가족사진도 걸어두어 그런대로 격조를 갖췄다. 책은 장서가급으로 많지는 않다. 여러 곳에 나누어 두기도 했고, 도서관처럼 거창하게 꾸미고픈 욕심은 없어서 1~2년에 한 번씩 다 읽은 책들은 필요한 이들에게 나누어 준다. 나는 값진 물건도 사 모아 전시하는 것보다 본래 있던 자리에서 즐기는 것을 더 좋아한다. 물리적 소유보다 마음에 담아놓는 게 가치 있다고 생각하는 쪽이다. 서재에 남은 책들은 대부분 몇 번이고 다시 읽어서 뜻을 새기고 싶은 것들이다. 종교와 철학 관련 책이 제일 많고, 역사와 문학 서적도 꽤 있다.

　지인에게 선물 받은 귀한 책들도 있다. 그중 하나가 미국 남북전쟁의 영웅으로 나중에 대통령이 된 율리시스 그랜트 자서전이다. 그랜트는 대통령으로는 그다지 높은 평가를 받지 못했으나 장군으로는 불후의 명장이다. 남북전쟁의 기록을 담은 이 책은 줄리어스 시저의 『내전기』, 윈스턴 처칠의 『제2차 세계대전』만큼 높이 평가받는 전쟁사의 명저다. 가죽 장정의 초판본을 선물 받아 귀하게 아끼고 있다. 책을 펼칠 때마다 오래된 고전의 냄새가 훅하고 코를 찌른다. 옛 지혜가 덩달아 살아나는 느낌이다.

　나보다 네 살 위인 도널드 그레이엄 전 워싱턴포스트 회장이 선물한 책들도 있다. 나는 워싱턴포스트 사주 일가와는 30년 가깝게 친분을 이어왔는데, 그가 선물한 책은 어머니 캐서린 그레이엄 회장의 유품인 책 두 권이다. 캐서린 그레이엄은 워터게이트 사건을 특종 보도하게 하는 등 워싱턴포스트를 세계에서 가장 영향력 있는 매체의 하나로 성장시킨, 미국 언론계의 대모다. 두 책은 『트루먼 자서전』과 『리지웨이 자서전』이다. 한국전쟁에 관한 책들이니 내가 가지고 있는 게 더 낫다는 게 도널드의 얘기였다. 둘 다 저자 친필 사인이 있는 희귀본인 데다가 돌아가신 어머니 서재에서 골라주었으니, 어머니에 대한 내밀한 추억까지 내게 나눠준 셈이라 각별한 마음으로 간직하고 있다. 도널드가 끝내 경영난을 이기지 못하고 2013년 워싱턴포스트를 아마존의 제프 베이조스에게 넘길 때 나도 많이 안타까웠다. 직후 워싱턴에서 만나 "그레이엄이 없는 워싱턴포스트는 상상할 수 없다"고 했더니 "내가 워싱턴포스트에 한 마지막 봉사가 좋은 주인을 찾아주는 것"이라고 말했다. 내가 다 울컥했다.

나 역시 독서광 아버지로부터 많은 책을 물려받았을 법한데 안타깝게도 그러질 못했다. 아버지에겐 희귀한 독일 책들이 많았는데 집에 불이 나 많이 훼손됐다. 아버지가 통탄해하시던 기억이 생생하다. 서재가 불타지는 않았지만 물 폭탄을 피할 수 없었다. 아주 희귀한 책 몇 권은 간신히 복구했지만, 대부분 내다 버릴 수밖에 없었다. 이후 사 모으신 책들은 성북동 집에 아직 남아 있다. 책에 깃든 아버지의 사랑을 알기에 언젠가 그 자리에 기념관을 지어 잘 보관할 생각이다.

한번은 서울대 법대 교수인 지인이 서울대 옆 낙성대 헌책방에서 아버지 도장이 찍힌 책을 발견하고, 아버지와의 추억이 담긴 글을 법률 잡지에 기고했다. 집에 불이 났을 때 사라진 책인 것 같은데 이토록 오랜 세월이 흐른 후 그 분야 대가의 손에 들어가니 그것도 그 책의 운명인가 싶었다.

지금 내 서재의 한쪽에는 붓글씨를 쓰는 책상이 있고, 그 앞 벽에는 추사의 글씨가 벽에 걸렸다. 문기(文氣)가 그런대로 흐르는 곳이라 집에 있을 때 가장 시간을 많이 보내는 공간이다. 서예를 통해서 마음을 수양하고 독서를 통해서 생각을 다듬는다. 리더의 일은 하나뿐, 깊이 생각해서 좋은 판단을 내리는 일이다. 그 판단과 생각을 도울 수 있는 공간이 있어야 한다. 사람에 따라서 그 공간은 백색 소음이 있는 카페일 수도 있고 자연과 함께하는 호젓한 산책길일 수도 있다. 내게는 좋은 책과 훌륭한 글씨, 아름다운 그림과 사진이 있는 작은 서재가 제일이다. 햇볕 따스한 아늑한 공간에서 좋아하는 것을 음미하면서 생각을 정리했던 건륭제의 마음이 이해된다. 인생의 결정이든, 사업의 방향이든, 나라의 앞날이든, 생각하는 데에는 한두 평 조용한 공간이면 충분하다.

리더가 하는 일은 판단이다

"직원 회식비를 많이 써서 망한 회사는 없지만, 리더가 판단을 잘못해서 망한 회사는 아주 많지요."

강연이나 인터뷰에서 자주 하는 말이다. 이 말을 하면 사람들이 와 하고 웃는다. 하지만 절대 가벼운 말은 아니다. 세상에 판단만큼 어렵고 중요한 일이 없기 때문이다. 특히 한 조직의 리더라면 주로 하는 일이 판단이다. 리더의 판단이 잘못되면 개인을 넘어 조직 전체가 휘청거린다.

판단이란 무엇인가. 앞날에 있을 수 있는 수많은 선택지를 차례로 걷어낸 후, 지금 여기 이 상황에서 택할 수밖에 없는 가장 좋은 하나를 남기는 일이다. 리더의 판단은 자신을 위한 것이 아니라 모두를 위한 것이기에 사심을 걷어내고 공적 마인드를 갖춰야 한다. 판단하되 작은 일은 아래로 내리고 큰일에 집중해야 한다. 진행 중인 작은 일에 간섭하는 게 아니라 앞으로 있을 일까지 생각해 일의 큰 줄기를 잡아 주는 것이어야 한다.

좋은 판단을 하기 위해 제일 중요하고 어려운 일은 습관대로 생각하기를 멈추고, 있는 그대로를 바라보기다. 불교에선 이를 지관(止觀)이라고 했고, 프랑스 철학자 몽테뉴는 에포케(Épochè·판단유보)라고 불렀다. 있는 그대로 바라본다는 것은 깊게 통찰해서 모든 가능한 수를 살펴서 정확한 판단에 이른다는 것인데, 그 전제는 마음 비우기다. 마음이 선입견으로 가득하고 색안경을 쓰고 있는데 대상이 잘 보일 리 없다. 선입견과 사적인 욕심을 내려놓고 익숙한 패턴대로 생각하지 않게 머리를 비워야 명징한 판단이 가능하다. 컴퓨터를 리셋하려면 모든 파일, 프로그램을 다 지워야 하는 것처럼 말이다. 혹은 불가에 귀의할 때 머리를 깎으며 속세의 인연을 끊는 것처럼 말이다. 그런데 리셋이라는 게 쉽지 않다. 연인과 헤어지고 또 비슷한 연인을 만나서, 똑같은 이유로 싸우는 일이 얼마나 흔한가!

리더의 판단은 회의 시간에 하는 것이 아니다. 최종 결정 전까지는 다양한 의견을 청취해야 하지만 마지막 순간은 홀로 감당해야 한다. 아무도 대신해 주지 않는 고독한 결단의 순간을 피할 수 없다. 참모들의 달콤한 말도 가려들어야 한다. 특히 크고 담대한 결정일수록 오롯이 혼자 두려움을 감당해야 한다. 고독과 친해야 하는 게 리더다. 충분히 듣되, 고독 속에서 홀로, 명징하게. 이것이 판단의 큰 원칙이다. 좋은 판단, 좋은 결정은 처음에는 대범해 보이지만 나중에는 당연해 보이는 것이다.

때때로 리더의 판단은 조직 전체의 반대를 무릅써야 한다. 독일의 전 총리 게르하르트 슈뢰더는 오랜 침체에 빠진 독일 경제를 살리기 위해 '하르츠 개혁'을 감행했다. 2002년 시행된 이 개혁은 임시직 고용 증진을 위한 규제 완화, 저소득 일자리 창출 등을 공격적으로 추진해 심각한 실업문제를 해결하며 통일 독일의 부흥에 기여했다. 그러나 시민들 삶의 질은 전반적으로 나빠져 '인기 없는 성공'으로 불렸다. 결국 연정은 붕괴했고 슈뢰더는 정권을 내줄 수밖에 없었다. 그러나 이는 독일 전체로 보아서는 좋은 일이었다. 갑작스러운 통일이 가져온 여러 가지 어려움을 이겨내고, 후임 메르켈 총리가 '2번째 라인강의 기적'을 일구는 디딤돌이 됐기 때문이다.

슈뢰더의 선택이야말로 말 그대로 고독한 리더의 판단이었다. 사민당 출신이 사회 보장 정책을 축소하고 정부의 시장 개입을 최소화하며 경직된 노동시장을 개혁한다는 생각을 떠올리다니, 다음 선거의 패배를 각오하지 않고서는 불가능한 일이었다. 당리당략을 생각지 않고, 오직 미래 세대의 삶만을 생각한 외로운 결단이었다. 독일의 한 언론은 하르츠 개혁을 가리켜 "자잘한 정치인은 오금이 저려 엄두도 못 낼 일을 감행했다"라고 평했다. 대중의 지지를 거스른 그의 리더십은 '콘트래리언(Contrarian) 리더십'의 전형이라고 할 만하다.

콘트래리언은 다수의 입맛에 맞지 않고 인기가 없더라도 필요한 순간에는 기꺼이 대중에 반해 거꾸로 갈 줄 아는 이들을 일컫는다. 이들은 통념과 관성을 좇는 대신 세상의 흐름과 변화를 면밀하게 읽고, 대중에 영합하지 않는다. 좋은 판단을 내리면서 쏟아지는 비난을 견디는 쪽이 나쁜 판단 속에서 짧은 인기를 끄는 것보다 낫다는 것을 안다. 오늘의 나쁜 판단은 곧 내일의 재앙이기 때문이다. 물론 콘트래리언 리더십은 매사 습관적으로 어깃장을 놓거나 반대를 위한 반대와는 다르다.

통념을 거스르는 역발상가라고 해서 공감을 모른다는 얘기는 아니다. 요즘은 예전 같은 권위주의적 리더십은 더 이상 통하지 않고, 눈높이를 낮춰 약자들과도 공감할 수 있어야만 진짜 리더로 인정받는 시대다. 리더십의 핵심이 공감 능력이 되면서 최근 서구의 유명한 엘리트 학교들에서는 공감 교육을 강화하고 있다. 겸손을 모르고 오만하면 리더의 자질이 없다고 아이들이 손가락질할 정도라고 한다. 자신의 출신 배경을 과시하는 걸 세련되지 못한 행동으로 여기며, 그런 아이들은 왕따를 당하거나 클럽에서 쫓겨나기도 한다. 셰이머스 라만 칸 미국 컬럼비아대 교수의 책 『특권』에도 나오지만, 과거 엘리트들에게는 경비원과 농담을 주고받거나 친근하게 지내는 게 금기였다. 상대를 하인으로 여겼기 때문이다. 그러나 지금은 그걸 못하는 엘리트는 엘리트가 아니다.

  우리 옛말에도 '집안 자랑하는 사람치고 집안 좋은 사람이 없다'라는 말이 있다. 정말 집안이 좋으면 옆에서 얘기해주니 자신이 직접 얘기할 필요가 없고, 오직 겸손히 행하라는 의미다. 스웨덴 엄마들 사이에서는 어느 학교 출신인지, 자녀가 어느 대학에 들어갔는지, 가정의 수입은 얼마인지 얘기하는 게 금기라는 얘기를 들었다. 부의 과시로 보일 수 있어 자기가 잘 산다 싶으면 남을 집으로 초대하는 것도 조심스러워한다고도 한다. 공감 교육에서 가정 교육의 중요성을 보여주는 한 예다. 인간의 품성과 태도는 하루아침에 되지 않으니 어려서부터 체질화하는 게 중요하다.

  공감을 모르는 리더의 결단은 독단이 되고, 구성원의 동의를 얻지 못하니 현실에서 실현되지도 못한다. 결단과 독단을 가르는 것은 공감이다. 대중을 추수해서도 안 되지만 대중과 공감할 줄 몰라도 안 된다. 때로는 대중을 거스르는 정확하고 과감한 판단을 하되, 공감할 줄 아는 사람이 참 리더다.

좋은 리더는
용서할 줄 안다

　어린 시절을 떠올리면 항상 '책을 읽는 아버지' 옆에 항상 '기도하는 어머니'가 계셨다. 아버지는 야단치거나 매 한 번 드신 적이 없었고, 도리어 가끔이라도 회초리를 드는 것은 어머니의 몫이었다. 원불교 신자이셨던 어머니의 불심은 아버지가 정치적 고초를 겪으시며 더욱더 깊어졌다. 매일 새벽 한 시간도 넘게 가족을 위해서 기도하셨다. 나는 고등학교 때 불교학생회 룸비니에 들어가면서 불교에 깊이 빠졌다. 황금 같은 토요일 오후 설법 강연을 들으면 주리가 틀릴 만도 했는데, 말씀 하나하나가 어찌나 마음 깊이 박히는지 시간 가는 줄 몰랐다. 회장을 맡으며 룸비니 활동을 열심히 했다.

아버지가 돌아가신 후 어머니를 모시고 익산과 완도의 원불교 교당을 자주 다녔다. 평소 속정을 잘 드러내지 않는 어머니셨지만 나와 함께 법당을 찾는 일은 무척이나 즐거워하셨다. 내가 인생의 스승으로 꼽는 대산 상사님의 설법은 항상 마음을 울렸다. 그중에서도 감명받아 마음공부를 할 때마다 수없이 새기는 것이 바로 용서에 관한 얘기다.

상사님은 용서에 대해 두 가지 말씀을 하셨다. 첫째, 자기에게 잘못한 사람을 용서하라는 것이다. 사람들은 보통 내게 손해를 끼친 사람, 나를 힘들게 한 사람, 내 기분을 상하게 한 사람 등 자기에게 잘못한 사람을 쉽게 용서하지 못한다. 하지만 그때 일종의 '무죄 추정의 원칙'을 적용하듯, 상대가 일부러 그런 것이 아니라 "몰라서 그랬구나" 하면서 넘어가라는 것이다. 상대방의 잘못을 하나하나 따지는 것보다 그냥 넘기는 것이 나중에 더 좋은 결과를 가져온다고 했다. 만약 그사이 상대가 <u>스스로</u> 잘못을 깨닫고 반성하면 내 마음을 알게 돼 더욱 미안해할 것이고, 그조차 모른다면 나중에 상대를 더 엄하게 타이르면서 원한 없이 승복시킬 수 있다. 참는 수양을 통해 분노에 사로잡히지 않고 성숙해질 수 있으니 그 또한 도움이 되는 일이다.

둘째, 상대가 과거의 잘못을 반성한다면 더 이상 마음에 담아두거나 다시 들추지 말고 용서하라는 것이다. 흔히 부부싸움을 할 때 과거의 크고 작은 잘못들을 줄줄이 끄집어낸다. 그러나 이는 항상 상황을 악화시킨다. 작은 다툼이 큰 다툼으로 번져 회복 불능이 되기도 한다. 지금 기분 나쁜 것도 힘든데 과거까지 끌고 오니 더 화나고 힘들어진다.

한번 덮고 넘어간 사안을 재론하지 않는 것은 조직을 운영하는 리더에게도 중요한 덕목이다. 부하의 잘못에 대해 합당하게 질책하고 용서했으면 더 이상 문제 삼지 않는 '용서의 리더십'을 발휘해야 한다. 중국 삼국시대의 영웅 조조가 자신의 목숨을 노리던 내부의 적까지 용서했을 뿐 아니라 요직에 기용해 쓰면서 천하를 평정했음은 잘 알려져 있다.

워싱턴포스트의 전성기를 이끌었던 캐서린 그레이엄 회장 역시 용서의 힘을 실천해 성공했다. 그는 평범한 가정주부에서 하루아침에 신문사 발행인으로 변신해 조직을 장악하고 세계적 매체로 키워가는 과정에서 용서의 미덕을 십분 발휘했다.

캐서린 여사의 아버지는 훗날 미국 연방준비제도(Fed) 의장과 세계은행 초대 총재를 지낸 금융가이자 억만장자 유진 메이어였다. 그가 1933년 헐값에 사들인 게 워싱턴포스트다. 캐서린은 언론인을 꿈꾸며 짧은 기자 생활을 했으나, 아버지가 정해 준 전도유망한 법률가 필립 그레이엄과 결혼해 전업주부의 길을 걸었다. 메이어는 이례적으로 신문사 경영권을 딸 아닌 사위에게 물려줬고, 필립은 뉴스위크를 인수하는 등 워싱턴포스트를 유력지로 키우는 성과를 냈다. 그러나 필립은 여기자와 염문을 뿌렸고, 두 사람의 불행한 결혼생활은 평소 심한 조울증을 앓던 필립의 권총 자살로 파국을 맞았다.

이 일로 캐서린의 삶은 반전을 맞이했다. 20년 넘게 전업주부로 살았던 그가 하루아침에 신문사를 떠맡은 것이다. 한때 신문사를 팔아버릴지 고민했다는 캐서린은 그러나 적극적으로 제2의 인생을 개척하기로 결심했다. 그는 자신에게 도움 되는 사람이라면 지위 고하를 막론하고 스승으로 삼았다. 그중 한 사람이 아들뻘인 리처드 스미스(훗날 뉴스위크 회장)이다. 리처드는 캐서린의 큰아들 도널드 그레이엄과 워싱턴포스트 입사 동기였다. 나와도 연배가 비슷해 가까이 지냈다. 캐서린이 훌륭한 발행인으로 변신하는 데 리처드가 막중한 역할을 했다.

수행비서 역할을 맡은 리처드는 캐서린과 함께 다니면서 세세한 도움을 줬다. 가령 연설에 익숙하지 않은 캐서린을 위해서 주제와 관련한 질문 세 가지를 뽑아, 마치 청중이 던진 질문에 답하는 것처럼 이야기를 풀어가게 했다. 이는 효과가 있었다. 청중이 흥미로워했고, 캐서린도 조리 있게 말할 수 있었다. 나도 이 방법을 종종 써먹었다.

이런 과정을 거치며 리처드를 전폭적으로 신뢰하게 된 캐서린은 나중엔 자식일, 집안일 등 온갖 문제를 상의했다. 리처드가 캐서린에게 제시한 리더의 원칙이 두 가지 있었다. 캐서린 리더십의 핵심이다. 하나는 '현재 거론하고 있는 문제 밖으로 절대 나가지 말라'는 것이었다. 브레인스토밍 때라면 몰라도 리더가 평소 이런 행동을 자주 하면 문제가 해결되기는커녕 복잡해진다. 현안에 집중하지 못하는 산만한 리더는 큰일을 할 수 없고, 리더의 관심이 자꾸 옆으로 새면 조직 전체가 휘청인다. 이는 인간관계에도 적용할 수 있는 원칙이다. 지금 갈등하는 문제 밖으로 전선을 넓히면 해결은 요원해진다.

다른 하나가 바로 '한 번 용서한 문제를 다시 거론하지 말라'는 것이다. 오늘 실수하고 질책당한 직원이 내일 큰 성과를 낼 때도 많다. 한 번 용서하고 넘어간 일을 자꾸 입에 올리면 상대와 척만 질 뿐이다. 특히 비즈니스에선 이 원칙이 더 중요했다. 사업가란 오늘의 적이 내일의 동지가 되기도 하니 말이다. 캐서린 그레이엄 여사가 짧은 기간 체화한 탁월한 리더십 뒤에는 용서의 원칙이 한몫했다고 생각한다.

◆ ◈ ◆

그런데 용서에는 더 큰 의미가 있다. 흔히 용서라 하면 누군가 내게 저지른 잘못을 덮어주고, 그를 이해하고 받아들이는 일이라 생각한다. 그러나 용서의 진정한 의미는 상대가 아니라 나를 향한 것이다. 내게 고통을 준 상대에 대한 원망과 미움으로부터 나 자신을 놓아주는 일이다. 누군가를 미워하고 원망하는 일은 내 안에 지옥을 만든다. 용서란 그런 지옥에서 나를 해방하는 일이요, 나를 위한 사랑이자, 자기 치유의 과정이고, 성숙의 열쇠. 원한에 사로잡혀 있을 때 우리 마음은 고통의 지옥 불에 떨어지고, 용서할 때 비로소 분노와 미움에서 벗어난다. 그렇게 과거에서 놓여나야 현재에 집중하고 미래를 만들 수 있다. 용서 없이는 앞으로 나아갈 수 없다.

용서라는 게 말처럼 쉽지 않다는 건 안다. 용서했다고 생각했지만, 불쑥불쑥 과거의 일이 떠오른다. 나는 간신히 용서했는데, 상대가 아무 일 없다는 듯 버젓이 살아가는 모습을 보면 분노가 치밀기도 한다. 그래서 용서에는 훈련이 필요하다. 지금 사안과 지난 일을 구분해 분별해 다루도록 노력해야 한다. 내가 원하는 건 A인데, 상대방이 B를 주며 진심으로 용서를 구하면 그건 그것대로 받아주는 도량도 필요하다. 지난 일에 대한 원망과 분노가 내 입에서 다시 터져 나오는 순간, 나쁜 말에 담긴 부정적 에너지가 나와 상대를 할퀸다. 그 상처는 상처를 덧입히고 새로운 악연의 고리를 만들어 언젠가 내게 되돌아온다. 악순환이다.

아마도 인간에게 인내가 가장 필요한 순간이 있다면, 타인에 대한 분노가 치밀어오를 때가 아닌가 한다. 그 순간을 잘 참아내고 상대를 용서하는 일은 우리 삶을 천국으로 만든다. 증오는 상대를 향할 뿐 아니라 나를 병들게 하고, 증오로 이룬 것은 오래 지속되지 못하기 때문이다.

그러니 행복하고 싶을수록 용서해야 한다. 내 마음의 천국을 만들기 위해서라도 용서해야 한다. 용서하는 법을 훈련하기 위해서 용서해야 한다. 내게 상처 준 타인을 관용의 마음으로 대하는 것은 인간의 품격을 끌어 올리는 큰 수행이다. 큰 결단과 넓은 마음, 고통을 견디는 강인한 인내심 없이는 불가능하다. 용서할 때 비로소 우리는 우리 안에 다른 존재들을 품고 받아들일 수 있다.

비평가가 되지 말라, 주인이 돼라

가끔 대학에서 강연할 때면 학생들의 태도와 수준이 달라졌다는 것을 느낀다. 강연을 마치고 "질문 있느냐"고 물으면 예전에 비해 훨씬 많은 학생이 적극적으로 질문한다. 질문 내용도 날카롭다. 강연 내용뿐만 아니라 나 개인, 우리 회사, 내가 하는 일에 대해 구체적 질문을 한다. 어떻게 저런 정보를 다 알고 있을까 흠칫 놀랄 때도 많다.

학생들만 아니다. 인터넷의 도움으로 다양한 정보에 쉽게 접근할 수 있게 되면서 사람들의 '앎'의 범위가 넓어졌다. 매 순간 손바닥 위로 새로운 정보가 홍수처럼 쏟아지고, 클릭 한 번이면 전문가 수준의 고급 정보까지 들여다볼 수 있으니 당연한 일이다. 댓글로, 온라인 서명으로, 소셜 미디어(SNS)로 사회 이슈에 대해 의견을 내고 토론하는 일도 늘어났다. 정보 민주주의 차원에선 좋은 일이다.

그러나 여기에는 그림자도 있다. 클릭 한 번으로 볼 수 있는 무수한 정보가 바로 내 지식, 나의 앎이라고 착각하는 것이다. 언제든 내 컴퓨터로 긁어올 수 있는 지식과 정보의 바다가 무한대로 널려 있으니 그걸 전부 내 지식 보따리라 여긴다. 때로는 클릭 한 번으로 사회적으로 의미 있는 행동을 했다고 착각하기도 한다. 온라인 말 한마디와 실제 행동은 하늘과 땅 차이인데 말이다.

◆ ◆ ◆

오래전부터 나는 '온갖 일 비평가'보다 '일 하나의 주인'이 되는 게 더 좋은 삶이라고 생각해 왔다. 학생들에게 강연할 때도 '비평가로 살지 말고 주인으로 살라'는 말을 자주 한다. 우리는 쉽게 다른 사람의 일을 품평하고, 실망하고, 깎아내린다. 평생 그 일을 해온 전문가들을 향해서도 '왜 그것밖에 못하느냐' '내가 발로 해도 낫겠다'고 쉽게 말한다. 그러나 막상 본인이 그 일을 맡아서 해보면, 말처럼 쉽지 않음을 깨닫는다. 그걸 모르는 게 아마추어고, 잘 아는 게 프로다.

정치 현실에 대해 온라인에서 많은 말을 쏟아내는 것만으로는 부족하다. 정치를 바꾸고 싶다면 당원이 되거나 투표에 참여해야 한다. 온갖 경제 상식을 꿰고 있다고 해서 사업을 잘하거나 부자가 되는 건 아니다. 크든 작든 직접 장사를 하거나 돈을 굴려야 부를 일굴 수 있다. 실행하지 않는 자에겐 아무것도 주어지지 않는다.

비평가, 평론가로 살면 일생 기회는 비평, 평론밖에 없다. 자신이 직접 일군 것은 없이, 남들이 해놓은 일에 왈가왈부 품평하고 해설하는 게 전부인 사람이 된다는 의미다. 비평이라는 게 남을 칭찬하기보다는 흠집 내는 일이라 어느덧 부정적 태도가 몸에 밴다. 비평가들은 남을 깎아내리고 문제점을 찾아내는 데는 능숙하지만, 구체적으로 어떤 시도를 하는 일은 서툴다. 작더라도 구체적인 행동을 하면서 순간순간 충실하기보다 이런저런 이유와 핑계를 늘어놓으면서 시간을 흘려보낸다.

이를 일컫는 말일까. 공자는 "눌언(訥言·더딘 말)이 군자답다"고 했다. 어설픈 사람일수록 말이 많고 행동은 부족하며, 능숙한 사람일수록 함부로 의견을 내지 않고 실제로 행할 수 있는 말만 가려 한다는 뜻이다. 비평가는 세상을 하루아침에 바꿀 수 있다고 사람들을 현혹하지만, 일의 주인은 아주 작은 부분이라도 세상을 바꾸는 데에는 실력과 인내심이 필요하다는 것을 안다. 빠른 변화가 좋아 보여도 세상은 천천히 변하는 것이다. 사람들이 할 수 있는 만큼만 조금씩, 서서히 바뀐다.

비평가의 삶이란 바꿔 말하면 정보 컬렉터의 삶이기도 하다. 그들은 정보든 지식이든 무엇이든 수집한다. 수집을 과시하며 수집을 위해 수집하기도 한다. 수집이 곧 목표가 된다. 요즘 사람들은 정보수집광들이다. 이런저런 정보를 많이 모은다. 정보가 지천으로 깔린 인터넷 환경이 이를 부추긴다. 나중에 읽겠다고, 언젠가 도움이 되리란 막연한 생각으로, 메모하고 저장하고 구독한다. 메모는 점차 늘어나고 챙겨 둔 정보는 넘쳐나지만 그중 실제 행동으로 옮겨지는 것은 극히 적다. 심지어 나중에 다시 읽지 않고 그대로 폐기해 버릴 때도 많다. 어차피 훨씬 업데이트된 새로운 정보가 늘 도착하기 때문이다. 그러니 메모를 했다고, 정보를 소유했다고 다 내가 아는 게 아니다.

지나치게 많은, 그러나 실행되지 않은 정보와 지식은 사람을 책상물림 비평가로 만든다. 학자라면 몰라도 우리가 공부하고 지식을 쌓는 목적은 대부분 그것을 삶의 곳곳에 적용해 일을 더 잘하고 인생을 발전시키기 위해서지 지식 자체가 목표는 아니다. 그래서 나는 조선 유학자 중에서 학문적 깊이와 현실을 바꾸는 정책 수행력을 함께 갖춘 율곡 이이를 가장 존경한다. 말 그대로 행동하는 지식인의 표상이기 때문이다. "지도자는 서생의 문제의식과 상인의 현실감각을 갖춰야 한다"며 경세가적 균형을 강조했던 김대중 대통령의 말도 생각난다.

'온갖 비평가'를 지나 '인생 비평가'들은 남의 인생을 내 삶으로 산다. 때로는 자기 삶을 남의 삶처럼 살기도 한다. 끝없이 남의 삶을 품평하고 지적질하는 버릇대로 제 삶에서도 핑곗거리를 찾아낸다. 그러면 삶은 변화하지 않고, 일도 좋아지지 않는다. 번창하는 삶을 살려면 삶의 가장자리에 머물지 말고 중심에 서야 한다. 아주 작은 일이라도 직접 실행하는 주인이 되어야 한다. 모으는 사람이 아니라 나누고, 뿌리고, 실행하는 사람이 되어야 한다. 이것 하나만 실천해도 삶은 달라질 것이다.

어디에서든
주인으로 살라

고등학교 하굣길에 "공부하러 가자" 하며 볼을 꼬집었던 이홍철 법주님 손에 이끌려 처음 룸비니에 간 지 벌써 60년 가까이 되었다. 당시 불교학생회 룸비니에는 공부깨나 한다는 까까머리 고교생들이 모여 있었다. 입시 공부 아니면 담을 쌓는 요즘과는 다른 풍경이다. 한창 머리가 깨고 세상의 모든 지식에 촉수가 곤두서는 10대 후반의 나이였다. 룸비니와의 만남은 내 인생을 크게 바꿨다. 인생의 스승이 돼 주신 이홍철 법주님, 김홍호 목사님을 그곳에서 만났다. 흔들림 없는 단단한 불심을 보여주신 이홍철 법주님은 나를 불법의 세계로 이끄셨고, 김홍호 목사님은 기독교의 관점에서 불교를 해석하면서 종교 통합적 인식의 지평을 열어주셨다.

이제는 나도 한 해 여러 차례 룸비니에서 교설을 하고 있다. 어느덧 십수 년이 된다. 바쁜 시간을 쪼개 강연을 들으러 오는 이들의 갈급한 마음을 알기에 더욱 소중한 자리라고 여긴다. 여기에서 가장 많이 하는 얘기 중 하나가 '자기 삶의 주인으로 살라'는 것이다. 내 평생의 화두이기도 하다.

'수처작주 입처개진(隨處作主 立處皆眞)'. 머무는 곳마다 주인이 되어라. 서 있는 그 자리가 전부 진리의 자리다. 중국 당나라 때 고승 임제 선사의 『임제록』에 나오는 말이다. 머무는 곳마다 주인이 되라는 말은 주인의식을 가지라든지, 자유롭고 주체적으로 살라는 의미로 들린다. 맞는 말이다. 가령, 회사 직원으로 일하면서도 얼마든지 주인의식을 가질 수 있다. 어느 상황이나 어느 자리에서든, 혹은 내가 거지고 상대는 왕이라 해도 내가 내 삶의 주인공이 된다면 충분히 행복하다. "나는 아무것도 바라지 않는다. 아무것도 두려워하지 않는다. 나는 자유다"라고 외쳤던 그리스인 조르바나 "무엇이든 원하는 걸 해주겠다"는 알렉산더 대왕에게 "햇빛을 가리지 않게 조금만 비켜 달라"고 했던 철학자 디오게네스도 떠오른다. 이들은 모두 어디에도 얽매이지 않고 주체적으로 산 자유인들이다.

그러나 이들의 삶은 주인이긴 한데 자족적이라는 한계가 있다. 내 생각에, 진정한 주인의 삶은 이를 넘어선다. 주인의 삶이란 거짓된 나 아닌 '참된 나'로 살아가는 삶이고, 내 안에 숨은 영성을 일깨우는 삶이다. 내가 주인이듯 너도 주인이니 서로 존중하고 상생하자는 인간 존중의 길이기도 하다.

◆ ◆ ◆

"이제 내가 예수님과 함께 십자가에 못 박혀 죽었으니 이제부터는 내가 사는 게 아니고 내 안에 계신 그리스도가 사시는 것이다." 신약 성서 '갈라디아서' 2장 20절에 나오는 말이다. 예수가 십자가에서 자기를 죽여 온 세상을 구원함으로써 인간의 마음속 주인이 되었으니 그 말씀을 좇아 살아가야 한다는 말이다. 많은 기독교인이 삶의 지침으로 삼는 구절이다. 여기서 '나'란 욕심을 부리는 나, 다른 사람을 누르고 이기고 싶은 나, 내 마음에 안 들 때 화를 내는 나 등 아집에 사로잡힌 나를 뜻한다. 나를 죽이고 그리스도 안에서 거듭나는 것이 기독교 구원의 핵심이듯, 어딜 가나 주인으로 살라는 것은 바로 자신 안에서 울리는 신의 목소리에 귀를 기울여 '내 안의 그리스도처럼 살라'는 뜻이다.

이는 불교의 '무아(無我)'와 비슷하다. 무아란 자기(ego)가 무너지고 마음이 부처로 가득한 상태를 말한다. 내가 매일 아침 외우는 기원문 중에 "오늘 하루도 내가 아니라 나와 함께하시는 자성불(自性佛)이 주재하시는 하루가 될 수 있도록 정진하겠습니다"란 말이 있다. 이 기원문에서 말하는 나 또한 탐진치(貪瞋癡), '욕심과 성냄과 어리석음'에 사로잡힌 나를 뜻한다. 기독교식으로 말하면 예수 그리스도와 함께 못 박히기 전의 나다. 자성불은 우리의 본래 성품(부처)을 스스로 깨달은 '참나'를 말한다. 주인이 되어 '참나'로 살아간다는 것은 이처럼 절대 진리, 즉 내 안의 그리스도와 부처를 좇아 살아간다는 뜻이다. 내 안의 절대 진리를 좇아 살아가니 머무는 곳마다 주인이 되고, 서 있는 자리마다 천국이요 극락이 된다.

불교에서는 이 주인이란 말에 '할아버지 옹(翁)' 자를 붙여 '주인옹'이라고 하기도 한다. 내가 태어나기 전부터 있었다는 의미로, 참나는 시간을 초월한다는 뜻이다. 예수도 말했다. "나는 다윗 이전에도, 아브라함 이전에도 있었다." 언제든 변치 않는 참나와 함께하면 어디에 있든 간에 그 자리가 천국일 것이다. 우리가 미처 깨닫지 못했을 뿐, 신(진리)은 내 안에 이미 깃들어 있다. 성 어거스틴은 이를 이렇게 표현했다. "나와 나 자신의 거리보다 신은 나에게 더 가까이 있다(God is closer to me than I am to myself)."

그러니까 우리는 이미 진리를 내 안에 품고 산다. 비록 현실에서 참나는 육신의 나와 갈등하지만, 참나에 비추어 육신의 나, 욕망을 좇는 나를 누르면서 살려고 애써야 한다. 지위가 높든 낮든, 돈이 많든 적든, 많이 배웠든 덜 배웠든 누구나 씨앗처럼 참나를 품고 있다는 게 우리를 인생의 주인으로 만든다.

◆ ◆ ◆

그런데 주인으로 사는 삶은 여기서 한 단계 더 나아간다. 내가 주인이니, 상대도 주인이고 참나라는 것을 인정하는 것이다. 비록 현실에서는 내가 권력과 명예를 더 가졌다 해도, 나도 주인이고 너도 주인이니 우리에겐 높낮이가 없다. 마땅히 서로 존중하고 상생해야 한다. 비록 내가 지식이 많아 가르치는 입장이거나, 돈이 많아 베푸는 입장이라 해도 이것은 이 세상에서 내게 주어진 역할일 뿐이다. 그 역할은 언제든 바뀔 수 있으며, 역할이 달라지니 사람 사이에 위아래 고정된 위치는 있을 수 없다.

그러니 내게 권력이 있다고 자만하지 말고, 내가 힘이 없다고 비굴할 이유도 없다. 주인으로 사는 사람은 설령 자신이 높은 자리에 있어도 이를 자랑하거나 남을 억압하지 않고, 또 다른 주인에게 베풀면서 겸손하게 산다. 반대로 지위가 낮고 가난하더라도 주인으로 사는 사람은 비굴한 노예가 아니라 떳떳하고 당당하게 살아간다.

'네가 만나는 모든 높은 사람, 낮은 사람, 네 친구가 다 주인이다.' 나는 이 말을 늘 마음에 새긴다. 인간의 모든 만남은 '주인 대 주인'의 만남이다. 내가 주인인 것만 알고 상대가 주인인 걸 모르면 상대방에게 군림하려 한다. 너도 나와 똑같이 주인임을 아는 사람은 상대를 존중한다.

이를 일상적 상황에 빗대면, 내가 하기 싫은 것은 남도 하기 싫은 것이니 남에게 강요하지 말라는 게 된다. 내 자식이 세상에서 제일 귀하면 옆집 사람에겐 그 집 자식이 세상에서 제일 귀하다는 걸 알아야 한다. 내가 가진 관점이 옳은 만큼 상대에게는 상대의 관점이 옳다는 것을 인정해야 한다.

◆ ◈ ◆

인생의 주인공은 나 자신이니, '모든 배움의 근본은 나'다. 내가 있으니, 세상이 있다. 그러나 내가 있어야 세상(네)이 있듯이, 네가 있어야 나 또한 있다. 우리는 서로 분리된 존재가 아니라 연결된 존재이며, 그런 의미에서 너와 나는 '둘이 아니다'. 불교에선 이를 불이(不二)라고 한다. 서로 앉은 자리가 다르지만 그건 이 세상, 이 삶이란 연극 속에서 주어진 역할에 지나지 않는다. 언제든 뒤바뀔 수 있는 역할을 각자 맡아서 살아갈 뿐이라고 생각하면 내가 가진 것이 절대적이라는 생각이 얼마나 어리석은지 깨닫게 된다. 또 너와 내가 둘이 아니니 당장은 남의 걸 빼앗고 나만 챙기면 이득인 것 같지만, 길게 보면 그렇지 않음도 알게 된다. 나도 이롭고 남도 이롭게 해야 한다. 이를 자리이타(自利利他)라고 부른다. 이걸 더 확장하면 남을 이롭게 하는 것이 나에게도 이로운 것이 된다.

◆ ◆ ◆

코로나19 팬데믹 때 우리는 서로 얼마나 연결돼 있는지, 서로를 위하는 게 서로에게 얼마나 좋은지 실감했다. 실제 이 나이만큼 살아보니 가식으로 하는 말이 아니라, 겸손하고 남을 배려하지 않으면 결국 자신을 해친다는 실증적 체험도 많이 했다. 어려서부터 주변에 부자 친구들이 많았지만, 그 큰 부를 끝까지 지키고 사는 이들이 생각만큼 많지 않다는 게 그 한 증거다.

우리 마음속에는 이미 예수 그리스도가 살고 있고, 부처가 들어와 있고, 하늘이 들어와 있는데 그걸 깨닫지 못하고 살아가는 삶이란, 사실은 왕자인데 자기가 거지인 줄 알고 살아가는 것과 같다. '천국이 우리 가슴에 있다'는 건 하느님과 내가 같이한다는 것이다. 신이 내 안에 깃들어 나와 한 몸이란 것이다. 그러니 그 귀한 인생을 함부로, 되는대로 살아가면 안 된다. 최선을 다해 충실히 잘 살아야 한다.

수처작주, 주인으로 산다는 건 결국 타인과 더불어 상생하는 삶을 사는 것이다. '윈윈' 하는 삶이다. 이기적인 나를 버리고 거대한 이타성의 바다에 뛰어드는 일이다. 나와 네가 둘이 아니라는 '불이'는 '이웃을 네 몸과 같이 사랑하라'는 예수님 말씀과 다르지 않다. 남을 나와 연결된 존재로 바라보고, 나조차도 주어진 역할극을 하는 존재일 뿐이라며 객관화할 때 인간은 성숙해진다. 진짜 주인의 삶이 열린다.

뒤쫓지 말고
차선을 바꿔라

그간 내가 만난 많은 글로벌 지도자들의 공통점이 하나 있다. 내 솥단지보다 세상 전체의 솥단지에 더 관심이 크다는 것이다. 중국 북송의 명재상 범중엄은 "선비는 천하를 먼저 근심한 후에 자신을 근심하고, 천하가 다 즐거워한 이후에 자기 즐거움을 구한다"라고 했는데, 공적인 것을 먼저 생각하고 사적인 일을 나중으로 돌리는 일에는 고금이 따로 없는 것 같다.

2000년 9월 중국 베이징 중난하이 접대청에서 주룽지 중국 총리를 만났다. 한국 언론으로는 최초였다. 주룽지는 1990~2000년대 초 중국 경제 고도성장을 진두지휘해 '경제 대통령' '경제 차르'라 불렸다. 청렴강직의 대명사이기도 했다.

1년 뒤인 2001년 중국의 WTO(세계무역기구) 가입도 그가 주도했다. 접견에서도 한·중 투자 문제 등 경제 이슈를 주로 얘기했다.

그러나 내게 가장 와 닿았던 것은 인민의 고통을 자기 일로 받아들이는 주 총리의 마음이었다. 그는 높은 자리에 올라 인민들에게 봉사할 기회가 주어진 것을 감사하면서 "마음과 몸을 다해서 나랏일에 이바지하고 죽은 후에야 비로소 그치리라"라는 제갈량의 유명한 말까지 인용해 보였다.

주 총리는 우리나라 아파트에 관심이 많았다. 당시 중국은 급격한 경제 성장으로 농촌 인구가 대거 도시로 몰리면서 주택난이 극심했다. 그 해법으로 주목한 게 우리의 신도시 아파트였다. 나중에 방한한 주 총리가 제일 먼저 찾아간 곳도 서울의 서민 아파트였다. 그가 귀국한 후 중국에는 아파트 건립 붐이 일었는데, 주택난 해소에 적잖은 효과를 본 것으로 안다.

이제는 중국이 미국과 함께 G2 양대 패권국이 됐지만, 1990년대만 하더라도 중국은 막대한 인구 말고는 내세울 게 별로 없는 처지였다. 덩샤오핑의 유지를 받들어서 몸을 웅크린 채 실력을 쌓아가는 중이었다. 경제가 급성장하고 있었지만, 마오쩌둥 시대의 그림자가 짙게 드리워 언제든지 개혁이 후퇴할 수 있는 데다가, 크고 작은 부패가 사회 전 영역에 암세포처럼 퍼져 있었다. 자본주의를 도입하더라도 정실과 부패에 대한 주기적 청산 없이는 제대로 굴러갈 수 없는 나라가 중국이다. 굶주리지 않을 정도의 현상 유지로는 15억 인구를 달랠 길 없고, 높은 성장의 과실을 조금이나마 나눠 삶이 나아진다는 구체적 실감을 줘야 공산당에도 충성할 터였다. 경제 성장과 부패 청산, 2000년 전후 두 마리 토끼를 잡는 중책을 맡은 이가 바로 주룽지였다.

"관 100개를 준비하라. 99개는 탐관오리의 관이고, 나머지 하나는 나의 관이 될 것이다."

1998년 고위 부패 관료들과 전쟁에 나서면서 주 총리가 던진 비상한 출사표였다. 청렴의 상징인 그가 부패 관료를 척결하는 포청천 임무를 떠맡은 것이다. 개혁에 실패하면 죽어서 관에 들어가겠다는 각오로 저항하는 기득권층과 맞서 싸웠다. 이런 결연한 태도가 없었다면, 눈부시게 성장하는 자본주의 경제체제가 중국 공산당 일당 정치와 공존하는 것은 불가능했을 것이다.

◆ ◆ ◆

죽을 각오로 강도 높은 개혁 정책을 편 주룽지에 비할 바는 못 되지만, 나 역시 개혁으로 고민하던 순간이 많았다. 어떤 개혁이든 쉬운 것은 없고, 내외부의 저항이 따른다. 때로는 실패의 위험도 감수해야 한다. 1994년 중앙일보 사장이 되어 처음 신문사에 들어오던 날이 생각난다. 1965년 창간해 서른을 앞둔 신문과, 신문은 처음인 마흔다섯 나의 만남이었다.

중앙일보를 처음 맡았을 때, 주변에서 많은 조언을 했다. 그중에서 가장 듣기 싫고 견디기 힘든 말이 "(당시 1, 2등인) 조선일보, 동아일보에 도전하지 말라"는 것이었다. 제각기 다른, 그러나 결국엔 비슷한 수십 가지 이유가 있었다. 심지어 중앙일보 내부에도 3등 신문에 만족하는 패배 의식 같은 게 넘쳐났다. 도전 의식으로 활로를 찾기보다 열패감에 젖어 현실에 안주하는 인상이 강했다. 제작의 안테나가 온통 '조선일보에 뭐가 나왔나' '조선일보는 이걸 어떻게 썼나'에 맞춰져 있었다. 무엇이 뉴스인지, 어떤 시각에서 봐야 할지를 정할 때 조선일보를 표준으로 삼았다. 삼성에서 일하면서 세계적 기업을 넘어서려 애쓰는 모습을 보았던 나로서는 이해하기도, 받아들이기도 어려운 상황이었다.

'무엇을 하든 일류를, 일등을 하자.' 나의 일류병이 도졌다. 일등병은 나의 고질병이자 선친과 매형 이건희 회장에게서 물려받은 것이기도 하다. 그런데 일등만 쫓아서는 평생 일등 꽁무니만 바라볼 뿐이다. 잘해봤자 2등이다. 상대를 앞서가려면 그 뒤를 따르기보다 차선을 바꾸는 게 필수였다.

때마침 시대도 바뀌고 있었다. 1991년 남북한 동시 유엔 가입 이후 한반도에는 적대적 대결이 아닌 평화와 공존의 시대가 열렸다. 언론시장에는 정치나 경제 같은 딱딱한 뉴스 말고 문화나 스포츠 같은 취향 소비를 적극적으로 하는 독자층이 부상하고 있었다. 사회가 성숙해 4차선 도로에 들어섰으면 2차선 도로와 다른 운전법이 필요한 법이다. 부수 1위 신문이 언론의 교과서는 아니다. 물론 개혁 과정은 녹록하지 않았다. 나는 신문 업계에 첫발을 디딘 젊은 사장이었고, 그때까지의 제작 관행에 젖은 내외부의 반발이나 우려와 싸워야 했다. 하지만 중앙일보에 온 이듬해인 1995년부터 굵직한 변화를 시도했다.

◆ ◆ ◆

중앙일보는 1965년 선친이 이병철 회장의 뜻에 따라서 창간한 신문이다. 당시만 해도 정권이 신문의 생살여탈권을 쥐고 있었다. 박정희 정권은 당시 1등이자 유일한 석간이었던 동아일보를 견제하기 위해 새로운 석간을 허가했다. 그 기회를 이병철 회장이 잡았다. 이병철 회장은 라디오 서울(RSB) 개국과 신문 창간을 위해 선친을 스카우트했다. 그 무렵 동아일보의 위세는 대단했다. 동아일보 기자가 올 때까지 기자간담회를 열지 않고 기다리는 게 관행이었다.

중앙일보에는 선친 때부터 지금까지 이어져 오는 전통도 있고, 내가 일으킨 혁신도 있다. 창간 당시부터 지금까지 크게 바뀌지 않은 것은 '지사(志士)의 신문'이 아니라 '시민의 신문'을 표방한 점이다. 첨단 글로벌 담론과 세련된 라이프스타일에 관심 있는 중산층 시민들을 위한 유익하고 다양한 정보를 제공하며, 국제적 감각을 갖춘 신문. 이것이 중앙일보의 한결같은 지향점이다.

창간을 준비하며 선친은 후발주자인 중앙일보가 1위 동아일보를 꺾을 수 있는 방향을 당시 한국일보 같은 상업지에서 찾았다. 또 당시 언론들은 별 관심 없던 국제뉴스 강화를 내걸었다. 삼성그룹 해외 네트워크를 활용해서 국내 최초로 워싱턴, 뉴욕, 런던, 파리, 베를린, 로마, 도쿄 등에 특파원을 두고 해외 소식을 발굴해 적극적으로 전했다. 그때만 해도 우리나라에는 한국 언론이 직접 생산하는 국제뉴스가 없고 AP 등 해외 통신사 뉴스를 받아썼다. 중앙일보의 특파원 보도를 시작으로, 처음으로 우리 시각으로 본 국제뉴스가 안방을 파고들었다. 중앙일보 특파원들이 촘촘한 해외 네트워크를 쌓았다.

내가 중앙일보 대표가 됐을 때 동아일보 기자 출신으로 문화공보부 장관을 지낸 이진희 씨도 비슷한 조언을 했다. "현직 기자 시절에 가장 두려워했던 것이 중앙일보 국제뉴스였다. 중앙일보 해외 특파원 조직과 대외 네트워크는 꼭 살려 나가라."

창간 이후 중앙일보는 해외 특종을 많이 했다. 1997년 서구 유수 언론들을 제치고 '덩샤오핑 사망'이라는 세계적인 대특종을 한 것도 이런 자산 덕이라 생각한다. 덩샤오핑 사망은 여러 해외 언론에서 수년간 반복적으로 오보가 난 뉴스였다. 그때 나 지금이나 일류 언론은 글로벌 퍼스펙티브를 갖고 있느냐에 따라 갈린다고 생각한다.

  일찍부터 해외 흐름에 밝았던 아버지는 서구와 일본 신문을 벤치마킹해 정보와 재미를 결합한 '인포테인먼트(Infortainment)'적 요소를 지면에 담았다. 창간 논설위원이었던 이어령 선생 등 최고 필진을 동원해 사회·문화 각 분야에서 재미와 깊이를 동시에 갖춘 읽을거리를 제공했다. 신문사에 경영 마인드를 처음 도입한 것도 중앙일보였다. 중앙일보가 1970년대 큰 성공을 거두며 사세를 확장할 수 있던 배경이다.

◆ ◆ ◆

  1994년 내가 대표가 된 이후 변화는 세 가지로 정리할 수 있다. 첫째, 석간에서 조간 전환. 둘째, 전문 기자제·가로쓰기·섹션 신문·베를리너판과 중앙SUNDAY 발행 등 선진 언론 문화 도입. 셋째, '반공 보수' 일변도에서 '열린 보수' '중도 보수'로 논조 변화. 지금이야 당연해 보여도 그때엔 반대와 우려가 만만치 않았다. 그러나 일등을 뒤쫓기만 해서는 영원히 선두에 설 수 없고, 상상 이상 과감한 혁신 없이는 이미 사람들 머릿속에 고착된 '조중동'이라는 낡은 프레임에서 벗어날 수 없다고 보았다.

조간 전환은 중앙일보에 오자마자 시도한 첫 번째 개혁 과제였다. 당시 중앙일보는 석간, 조선일보와 동아일보는 조간이었다. 사실 서구에선 텔레비전의 등장과 함께 석간시장이 죽어버렸고, 우리나라에서도 이미 1980년대 초반부터 석간의 위기가 시작된 상황이었다. 아파트가 밀집하고 교통체증이 심해지면서 배달 문제가 심각했다. 집에 석간신문이 도착할 때면 다 아는 뉴스가 돼버렸다. 동아일보는 직전인 1993년 조간으로 전환하긴 했는데, 그전까지 굳건했던 1위 자리를 조선일보에 내주게 된 것도 '석간의 위기'와 무관하지 않았다.

그러나 조간 전환은 강한 반발에 부딪혔다. 신문사 내부는 물론이고 조간시장의 광고 경쟁이 격화될 것을 우려한 각계의 압력도 컸다. 이때만 해도 중앙일보가 삼성 계열사였기에, 미국 출장 중인 이건희 회장을 찾아가 거듭 설득해야 했다. 처음엔 반대하던 이 회장이 간신히 마음을 바꿨다. 신문에 즉각 관련 사고(社告)를 내게 했다. 다음 날 아침, 이 회장이 다시 한번 생각해 보자고 했을 때는 열차가 떠난 뒤였다. 이렇듯 무슨 특급작전을 펼치듯 긴박하게 조간 전환을 발표한 게 1995년의 일이다.

그다음은 문화·스포츠 콘텐츠 강화를 위한 섹션 신문 발행, 전면 가로쓰기, 전문 기자제 도입, 여기자 채용 확대 등이 있다. 그중에서 특히 여기자 채용 확대가 기억에 남는다. 1980년대 초만 해도 여기자는 한 입사 기수에 한 명 정도였다. 여성의 대학 진학률이 높아지고 해마다 여성 인재가 배출되는데, 막상 여성들이 갈 만한 좋은 직장은 많지 않았다. 여성 인재들이 아까웠다. 그때나 지금이나 필기시험은 여성의 성적이 높다. 입사 전형에 필기시험 비중을 높였더니 아니나 다를까 여기자 합격 비율이 열에 넷 정도로 확 늘었다. 우리를 보고 경쟁지 여기자들이 사주를 찾아가 항의했다는 소문도 돌았다. 이 덕에 1996년 연세대 남녀공학 50주년 기념행사 때는 여성 인재 우대 공로로 상을 받기도 했다.

마지막은 신문 논조를 중산층의 의식 변화에 맞추어 보수에서 중도로 옮긴 것이다. 두 가지 이유에서였다. 우선 그것이 내 신념인 '리버럴리즘'에 맞았다. 사석에서 "나는 중앙일보보다는 진보이고, JTBC보다는 보수"란 말을 자주 한다. 다른 하나는 역시 경쟁지를 따라잡기 위한 차선 변경의 일환이었다. 시대 역시 '반공 보수'를 넘어 '열린 보수' '개혁 보수'로의 전환을 요청하고 있었다.

뉴욕타임스, 워싱턴포스트 사주들과 교류하면서 배운 것도 이런 방향 전환에 큰 도움이 됐다. 뉴욕타임스는 세계적 리버럴 신문이다. 우리 식으로 말하면 진보이나, 사상적 스펙트럼은 리버럴에 가깝다. 사실 선진국 정론지 중에서 1등 신문이 보수 신문인 나라는 없다. 미국 뉴욕타임스, 영국 가디언, 프랑스 르몽드, 일본 아사히신문은 모두 리버럴 신문이다. 물론 그렇다고 그때까지 중앙일보가 가져온 정통 보수의 전통을 완전히 무시할 수는 없었다. 나보다 앞서서 수십 년 동안 중앙일보를 읽어 온 독자들이 있으니 말이다. 사주의 개인적 성향과 스타일이 오랜 고정 독자와 신문의 전통을 앞설 수는 없는 일이다.

한참 이 문제를 고민할 때 뉴욕타임스 발행인 아서 설즈버거가 한 말이 떠올랐다. "우리는 진보 신문이지만 일류 보수 시각을 가미한다. 아홉 명 논객 중 반드시 두 명은 최고의 보수 논객을 모셔서 균형을 맞춘다." 중앙일보는 보수 신문이니 반대로 해야 했다. 일류 진보 목소리를 반영해야 했다. 그래야 조선일보로도, 한겨레신문으로도 만족할 수 없는 리버럴을 위한 신문, 다양한 입장과 견해를 포용해서 보수와 진보를 아우르는 새로운 신문으로 거듭날 수 있었다. 신영복, 박노해, 정운영, 박명림, 김용옥 등 당시 명망 있는 진보 지식인들을 대거 필진으로 초빙했다. 당시로는 엄청난 파격이었고 사회적 파장도 컸다. 남북한 관계 전환에 맞춰 북한 이슈에 대한 논조도 바꿨다. '열린 보수' '따뜻한 보수'라는 새로운 정론 형성에 기여하고자 했다.

2011년 JTBC 개국 때는 반대로 했다. 방송은 신문과 달라서 훨씬 더 진보적 가치를 담을 수 있다고 생각했다. 나와 생각은 다르지만, 큰 영향력을 가진 손석희 전 사장을 모셔오고, 편집에 대한 전권을 주었다. 신생 방송사인 JTBC가 지상파와 경쟁하는 수준이 되려면 손석희 사장 정도의 원칙 있는 저널리스트가 필요했다. 대한민국 최고 앵커라는 '손석희 브랜드'를 사오고, 그를 존중하고 믿고 맡겼다.

언론사 사주는 핵심 인사에 대한 인사권은 행사하되, 그 밖에 지면이나 프로그램 제작에는 관여하지 않고 독립성을 보장해야 한다는 게 내 철학이다. 해외 유수 언론들도 그렇게 한다. 우리 식으로 치면 편집인이나 주필 두 자리 정도만 사주가 직접 인선하고, 나머지는 그들에게 맡긴다. 경영과 편집을 분리하되, 핵심 인사권은 사주가 갖는 방식이다. 사실 제작을 잘하는 전문가들이 있으면 경영자가 애초부터 그에 관여할 일도 없다. JTBC엔 진보적 목소리를 기본으로 하고 일류 보수 목소리를 가미하는 구도가 짜였다.

물론 개혁과 관련해서 아쉬움도 있다. 1995년 아시아의 첫 인터넷 신문인 조인스닷컴을 만드는 등 디지털 전환을 선도했는데도, 이후 급격한 디지털 모바일 혁명을 제대로 따라잡지 못한 점이 그렇다. 사람들 손안으로 인터넷이 들어간 이후 정통 뉴스 미디어의 설 자리는 날로 좁아지고 있다. 디지털과 모바일에서 비즈니스 모델을 찾지 못하면 생존 자체가 어려운 상황이다. 이런 과제를 해결하면서, 철저하게 검증된 사실에 통찰을 더한 고품질 저널리즘으로 독자의 기대에 부응하고 신뢰를 회복하는 데 내 여력을 보태고 싶다.

언론사주로 살아온 30여 년, 크고 작은 부침이 없었던 것은 아니지만 내가 추진했던 개혁은 대체로 좋은 성과를 낳았다. 겉으로 보이는 이미지와 달리 나는 꽤 과감하고 위험한 도전도 감수하는 편이라 아슬아슬한 결정도 많이 했다. 어쨌든 '1990년대 한국 언론을 대표하는 개혁가'라는 과찬을 받았으니, 기쁘고 감사한 일이다. 교훈은 하나다. 성공을 갈망하면서 개혁에 소극적인 것만큼 모순된 일은 없다. 앞차를 추월하려면 차선을 변경해야 한다. 추종자는 새로운 미래를 열 수 없다.

큰 뜻이 실패를 견디게 한다

 혼자서 자주 산책을 한다. 한 걸음 내디딜 때마다 생각이 일어났다가 다음 걸음과 함께 스러진다. 걸으면 생각이 정리된다. 힘이 좀 부쳐도 한 시간 넘게 쉼 없이 걷기도 한다. 길은 인생과 닮았다. 고비 없는 길이 없다. 그러나 바닥에 주저앉고 싶을 만큼 힘들어도 그 순간을 견디고 나면 언제 그랬냐는 듯 발걸음이 가벼워진다.
 "인생은 무거운 짐을 지고 먼 길을 가는 나그네와 같은 것이다."
 일본 전국시대의 마지막 승자가 된 도쿠가와 이에야스가 남긴 말이다. 이는 증자의 "임무는 무겁고 갈 길은 멀다"를 가져다 쓴 표현으로, 이에야스의 '참고 견디는 인내의 리더십'을 상징한다. 하늘이 인정하는 길을 가는 사람은 당장 힘들어도 결국에는 뜻을 이루니, 사소한 성취나 작은 고난에 일희일비하지 않고 한 걸음씩 걸어가라는 뜻이다. 이에야스의 유훈은 이렇게 이어진다.

"서두르지 말라. 무슨 일이든 마음대로 되는 것이 없음을 알면 오히려 불만 가질 이유도 없다. (…) 인내는 무사장구(無事長久·탈 없이 오랫동안 버티는 일)의 근본이요, 분노는 적이라고 생각해라. 이기는 것만 알고 정녕 지는 것을 모르면 반드시 해가 미친다. 오로지 자신만을 탓할 것이며 남을 탓하지 말라. 모자라는 것이 넘치는 것보다 낫다. 자기 분수를 알라. 풀잎 위의 이슬도 무거우면 떨어지기 마련이다."

이 구절을 처음 접한 것은 고등학교 때였다. 유복한 환경에서 별 어려움 없이 자라던 나는 초등학교 5, 6학년 때 각각 4·19혁명과 5·16 쿠데타를 겪으며 집안이 풍비박산 나는 경험을 했다. 집안 형편이 달라지니 친했던 친구들이 갑자기 멀어지는 무서운 세상인심도 겪었다. 때론 아이들이 어른 못잖게 잔인한 법이다. 타고나길 예민한 성품에 쉽게 곁을 주지 않고 자의식 강한 소년의 마음에 생채기가 났다. 그런데 '인생은 누구에게나 짐은 무겁고 길은 멀어서 아득한 것이니 좌절하지 말고, 고난에 지지도 말라'니 마음이 울컥했다. 이에야스의 유해가 있는 일본 닛코의 동조궁 뒤뜰 샘터에는 이 글귀가 쓰여 있는데, 고등학교 2학년 때 여행 가서 그 앞에 하염없이 서 있던 기억이 난다.

◆ ◇ ◆

인생의 길을 걷다 보면 마음대로 풀리는 일보다 뜻대로 안 되는 일이 더 많다. 주역에 나오는 대로 인생은 어떤 일을 행했을 때, '좋은 결과 혹은 화'가 닥치는 '길흉(吉凶)'과 '후회할 일 혹은 걱정할 일'이 벌어지는 '회린(悔吝)'으로 압축된다. 야구에 3할 타자가 드물듯 인생도 마찬가지다. 아무리 최선을 다하려 애써도 좋은 결과(吉)는 잘해야 네 번에 한 번 정도이고, 나머지 세 번은 흉하거나(凶) 뉘우치거나(悔) 걱정할 일(吝)이 벌어진다. 여기서 후회와 걱정은 차이가 있다. 후회란 잘못을 저질렀을 때 뉘우쳐 고치는 일이고, 걱정이란 안 좋은 일이 생겼을 때 환경 탓, 남 탓만 하고 자기반성은 안 하는 일이다. 후회할 줄 아는 사람은 그나마 다음을 기약할 수 있으나, 걱정만 하는 사람은 나중에도 좋은 운을 불러들일 수 없다.

많은 역사적 인물의 삶은 실패와의 투쟁으로 이루어져 있다. 영국 총리를 두 차례나 지낸 윈스턴 처칠은 청년 시절 무수한 실패를 딛고 위대한 지도자가 됐다. 학창 시절에는 라틴어 과목에서 낙제했고, 삼수 끝에 간신히 육군사관학교에 입학했다. 신임 장교 시절엔 적군에 포로로 잡혀서 수용소 생활도 했다. 제1차 세계대전 때 해군 장관이 됐으나 작전 실패로 오스만 튀르크에 패배해 사임했다. 당적을 여러 번 옮기며 배신자로 낙인찍혀 정계에서 퇴출당하기도 했다. 그러나 처칠에게는 이모든 걸 뛰어넘는 자질, 바로 실패를 참고 견디는 힘이 있었다. 이 힘이 없었다면 그는 한낱 패배자에 지나지 않았을 것이다.

이에야스의 생애도 숱한 시련과 좌절로 점철됐다. 어린 시절 다른 가문에 인질로 보내진 그는 눈칫밥을 먹으며 자랐다. 어머니와 생이별을 했고, 아버지는 권력을 위해 그를 버렸다. 장성한 후에는 통일전쟁의 와중에 믿었던 부하들에게 배신당하고 죽을 위기를 맞기도 했다. 이번에는 자신이 살기 위해서 아들을 버리는 비정한 아버지가 돼야 했다. 기회가 와도 서두르지 않고 알면서도 이용당해 주기도 했다. 그러면서 웅크려서 오직 때를 기다렸다.

통일 이후 도요토미 히데요시의 견제를 받아 이에야스는 중앙 무대에서 작은 어촌 마을 에도로 내쫓겼다. 그러나 그는 그곳에서 기반을 닦아 최후의 승자가 되고, 에도 막부 시대를 열었다. 이 때문에 후대 역사가들은 "이에야스는 후퇴하여 제국을 건설했다"라고 평했다. '말하지도, 듣지도, 보지도 않으면서' 끝까지 인내한 현실주의자의 승리였다. '새가 울지 않으면 죽여라'라는 오다 노부나가, '울게 하라'는 도요토미 히데요시, '울 때까지 기다리라'는 이에야스라는 유명한 비유도 있다. 60세에 일인자가 된 그는 73세에 세상을 떠났다. 실패의 기간은 길고, 성공의 시간은 짧았다. 그래도 그가 연 에도 막부는 260년 지속됐다.

◆ ◈ ◆

나쁜 일이 더 자주 일어나고 어쩌다 한 번씩 좋은 일이 찾아온다면, 인생의 성패는 나쁜 일이 벌어졌을 때 우리가 어떻게 행하느냐에 따라서 결정된다. 뉘우쳐 자신을 성찰하면서 실패를 견디는 사람은 행복해질 수 있지만, 걱정만 하면서 끝없이 자기 바깥에서 평계를 찾는 사람은 불행해진다. 이에야스는 이렇게 말했다. "너 자신을 탓할 뿐 남을 탓하지 말라."

그런데 실패를 견디는 힘은 삶의 비전, 즉 인생의 중심 가치에서 생겨난다. 언젠간 잘될 거라는 막연한 기대나 무한긍정만으로는 충분하지 않다. 계속 시도하되, 올바른 시도여야 한다. 옛 표현을 따르면 천명(天命)을 따라 바른 임무를 받은 사람만이 무거운 짐을 지고도 먼 길을 갈 수 있다. 남을 속이는 사기 행위는 여러 번 실패 끝에 끝내 성공해도 아무 가치도 없다. 그러므로 내가 어떤 짐을 지고 가는지 시시때때로 살피고 돌아봐야 한다.

실패를 견딘다는 말의 진짜 의미는 실패를 통해 자신의 허물을 깨닫고 바꾸어 가는 것이다. 그렇지 못하면 실패는 반복된다. 공자도 자신의 잘못을 발견하면 고치기를 꺼리지 말라고 말했다. 어쩔 수 없는 것은 실패가 아니라 실패를 받아들이지 못하는 마음이고, 실패를 통해 자신을 고쳐 갈 수 없는 마음이다. 세간에 훌륭한 사람은 남의 실패를 보고 배우고, 보통보다 나은 사람은 자기 실패를 반성하면서 배우는데, 대다수 사람들은 자기 실패에서도 아무것도 배우지 못하고 같은 실패를 반복한다는 말이 있다. 음미할 만한 말이다. 그러나 나는 두 번 실패하고라도 배울 수 있다면 그것도 충분하다고 생각한다. 그러니 실패를 두려워할 일이 아니다.

성공한 사람은 무수한 실패를 이겨낸 사람이다. 지금은 텐센트의 자회사가 된 핀란드의 모바일 게임 회사 수퍼셀은 '실패 축하 파티'로 유명하다. 개발 프로젝트가 엎어질 때마다 패인을 분석하고 실패에서 배운 것을 축하하며 샴페인을 터뜨렸다. 무능하거나 불성실해서 실패한 것이 아니라 혁신과 도전을 멈추지 않았기에 실패했다고 믿는 것이다. 실리콘밸리에도 벤처 기업가들이 실패담을 공유하는 '페일콘(Failcon)' 행사가 있다.

도쿠가와 이에야스는 실패로부터 배우는 법을 알았기에 최후의 승자가 되었고, 처칠 역시 좌절을 통해 자신을 고쳐 나갔기에 운명의 주인이 되었다. 큰 뜻을 품고 기꺼이 무거운 짐을 진 사람만이 비틀대고 넘어지면서도 끝까지 걸어 성공에 이를 수 있다.

  똑같은 물이라도 소가 마시면 우유가 되고, 독사가 마시면 독이 된다. 실패도 그렇다. 실패는 내게 우유가 될 수도 있고, 독이 될 수도 있다. 이는 전적으로 나 자신한테 달렸다. 실패의 낭패감 앞에서 소가 될 것인가, 독사가 될 것인가를 깊이 생각해야 한다.

글로벌 감각이
성패를 가른다

나는 한국전쟁 직전인 1949년에 태어나, 1972년 미국 유학을 떠났다. 스탠퍼드대에서 경제학 박사 학위를 받고 얻은 첫 직장은 미국 수도 워싱턴 D.C.의 세계은행이었다. 유학과 7년간의 직장 생활까지 젊은 시절 12년을 해외에서 보냈다. 신혼살림도 미국에서 차렸다. 세계은행에 근무할 때는 인도네시아, 말레이시아, 튀르키예 등 아시아 여러 나라로 출장을 다녔다. 우리 세대 중에선 비교적 해외 경험을 일찍, 그리고 다양하게 한 셈이다.

최근 한 문화계 인사로부터 내가 "한국 사회에서 글로벌리티(Globality)를 최초로 경험한, 본격적 의미의 세계화 1세대"

라는 평을 받았다. 이 말을 듣고 내 인생을 그런 각도에서 처음 돌이켜 보게 됐다. 그는 내 세대가 "해방된 나라에서 태어나 직접적 일본 식민 체험이 없고, 일본이나 중국을 통하지 않고 해외에 나가 본격적으로 서구를 경험한 첫 번째 세대란 의미"라고 했다. 미국으로 유학하기 전 선친과 함께 유럽 6개국 여행을 했다. 돌이켜 보면 그것도 참으로 감사한 일이다. 한국을 넘어서 넓은 세상을 보는 눈을 키우라는 선친의 뜻이었다. 그 여행에 이건희 회장도 함께했다. '아버지 추종자'였던 내가 선친과 떠난 첫 해외여행이라서 더욱 가슴에 오래 남았다. 나고 자라길 여러 혜택을 받았다고 생각하지만, 그중에서도 이처럼 글로벌 감각을 일찍 익힐 수 있었다는 것을 나의 가장 소중한 자산으로 여긴다. 좋은 환경 덕분에 우물 안 개구리가 아니라 넓은 세상이 있다는 것을 일찌감치 깨우칠 수 있었다.

내가 유학을 간 1970년대 초는 미국 대학가가 리버럴리즘의 전성기였다. 1960년대 반전·히피·흑인민권운동이 정점을 찍고 내려오는 중이었지만, 대학가엔 여전히 탈권위주의 열기가 뜨거웠다. 억압적인 한국 사회에 살던 내가 유학 시절에 받은 문화적 충격과 해방감은 말로 다 할 수 없었다. 특히, 리버럴리즘의 체험과 지적 세례는 평생 가는 나의 사상적 자양분이 되었다.

유학 생활에서 세계 엘리트들의 품격과 자질도 경험할 수 있었다. 나를 포함한 한국 유학생들은 대개 오로지 공부에 매진했다. 그래서 입학 첫해에는 나름 두각을 나타냈지만, 2학년 때부터는 격차가 느껴졌다. 수험 공부에 익숙한 시험 엘리트의 한계랄까. 우리가 받은 주입식 암기 교육으로는 어려서부터 전 방위에 걸친 독서와 토론 문화를 통해 다져진 미국 학생들의 창의적 사고를 따라잡기 힘들었다. 그때 나는 창의적 인재를 배출하기 힘든 우리 교육 시스템의 한계를 절감했다.

가진 자들의 통 큰 기부, 베풀고 나누는 마음, 약자에 대한 배려, 겸손함과 정직성 등이 미국 자본주의를 제대로 굴러가게 한다는 것도 느꼈다. 우리는 요즘도 정치인들이 밥 먹듯 거짓말을 하고 대중을 잘 속이는 사람이 성공하는 것으로 보일 정도지만, 당시만 해도 미국에서는 '거짓말쟁이'라면 '인간 말종' 수준의 최고 욕설이었다. 혼전에는 분방한 젊은이들도 결혼하면 배우자에게 충실하며 신의를 중시했다. 어쩔 수 없이 계급 격차가 존재하지만 천민자본주의, 배금주의로 떨어지지 않도록 미국 사회를 지켜 내는 힘이 엘리트 문화에 살아 있다는 게 인상적이었다.

젊은 시절부터 깨우친 '글로벌'이라는 화두는 언론사를 운영할 때도 핵심 가치가 됐다. 한국이 아니라 아시아를 대표하는 신문을 만들려고 했고, 한·중·일을 중심으로 다가올 아시아 시대의 도래에 걸맞은 언론이 되려 했다. 중앙일보 사장이 되자

마자 해외 인사들, 특히 중국·일본 인사들과 적극적으로 교류한 것도 이 때문이다. 때마침 남북 관계도 적대적 대립에서 평화 공존으로 바뀌어 패러다임의 전환에 맞는 새로운 해외 네트워크 구축이 필요했다. 한국 언론인 최초로 중국의 장쩌민 주석, 주룽지 총리를 만났다. 하시모토 류타로 총리 등 일본의 총리들도 거의 다 만났다. 일본 언론사 대표들과도 교류했는데, 당시 일본 신문사 사장들은 대부분 60~70대라 40대 사장이었던 나를 신기하게 바라봤다. 하시모토 총리를 만나러 가니 첫마디가 "친구 만들러 왔다고 들었다"였다.

◆ ◈ ◆

2002년 아시아인 최초로 세계신문협회(WAN) 회장으로 취임하는 과정에도 글로벌 네트워크의 도움이 있었다. 회장직을 연임하며 총회를 두 번 주재했다. 첫 번째는 아일랜드 더블린, 두 번째는 튀르키예 이스탄불에서였다. 이스탄불 총회에는 뉴욕타임스의 아서 설즈버거, 워싱턴포스트의 도널드 그레이엄, 월스트리트저널의 캐런 엘리엇 하우스 등 미국 3대 신문 발행인·편집인이 모두 참석했다. 영광스러운 자리였다.

세계신문협회장이 된 것은 새옹지마, 인생의 아이러니였다. 1999년 정치 바람에 휘말려 세무조사를 받고 옥고를 치르는 등 인생에서 가장 쓴 경험을 했다. 이후 선거 때만큼은 중립을 지켜야겠다고 굳게 결심했다. 그런데 이 일로 인해서 나는 세계 언론계에서 언론 자유를 탄압받는 투사로 받아들여졌다. 차기 회장을 아시아인 중에서 찾으려던 세계신문협회 쪽에서 은밀히 의사를 타진해 왔다.

사실 신문산업의 양적 규모나 질적 발전 정도를 생각하면, 최초의 아시아인 세계신문협회장은 당연히 일본인에게 돌아갈 자리였다. 그러나 당시만 해도 일본의 언론 경영자 중에는 일상에서 영어를 자유롭게 구사하는 국제화된 사람이 드물었다. 20세기 초에는 일본에도 국제인이 많았으나 1960~1970년대 이후에는 크게 줄어들었다. 소니의 창업자인 모리타 아키오 등 일부 기업인이 언뜻 떠오르는 정도였다.

이렇게 된 데는 일본 특유의 분위기가 있었다. 일본 과학자들이 해외 유학을 다녀오지 않거나 영어에 능통하지 않아도 노벨물리학상·노벨화학상 등을 받는 데서 알 수 있듯, 일본에는 기본적으로 '일본이 최고의 교육 환경을 갖추었는데 왜 외국에 가서 공부해야 하는가' 하는 자부심이 있었다. 도쿄대나 교토대 등 국내 명문대 출신이 아니면 교수든 공무원이든 잘나가기 힘든 구조이다 보니, 무역 등 소수 분야를 제외하면 국제적 엘리트가 배출되기 어려웠다. 게다가 1억이 넘는 인구 덕분에 내수시장도 충분히 컸다. 1990년대 세계화가 급진전하면서 일본의 후퇴가 오히려 전면화된 이유였다.

물론 일본은 '아시아의 맹주' 자리를 전혀 놓을 생각이 없었다. 반기문 유엔 사무총장의 탄생을 끝까지 반대했던 것처럼, 내가 회장으로 거론되자 은밀하지만 격하게 반발했다. 다행히 몇 년 동안 교류해 온 일본 각계의 원로들이 물밑으로 지원을 해줬다. 나서서 공개 지지하지는 않아도 부정적 여론을 누그러뜨려 줬다.

세계신문협회 회장이 돼 유수의 언론사 대표들과 교류한 것은 내 언론 철학을 다지는 데 큰 도움이 됐다. 워싱턴포스트 도널드 그레이엄 회장에게 워터게이트 특종 보도의 뒷이야기를 물어본 적이 있다. 1972년 보도로부터 오랜 세월이 지났으니 얘기해줄 만하다고 생각했다. 내가 "제보자가 누구였냐. 이제는 말할 수 있지 않느냐"라고 물어보자, "정말 모른다. 우리는 사장이라도 결코 취재원을 알려고 하지 않는다"라는 답이 돌아왔다. 비밀이니 절대 말하지 말라고 아무리 당부해봤자 말이란 옮겨지기 마련이니 사주라 해도 아예 모르는 게 낫다는 얘기였다. 일류 언론사 사주들이 얼마나 철저히 편집권을 존중하는지 한 수 배웠다. 알다시피 워터게이트 사건의 제보자인 '딥 스로트'(마크 펠트 전 FBI 부국장)의 정체는 2005년 다른 매체에 의해 알려졌다. 치매에 걸린 90대의 펠트가 사망하기 3년 전이었다. 워싱턴포스트는 30년 넘게 끝까지 취재원을 보호하겠다는 약속을 지켰다.

◆ ◆ ◆

세계신문협회 회장으로 전 세계를 돌아다니면서 글로벌 감각을 갖춘 인재의 소중함도 뼈저리게 깨달았다. 요즘은 BTS가 유엔 총회에서 연설하는 등 한류를 이끄는 뛰어난 인재들이 많이 나타나고 있지만, 글로벌 인재는 많으면 많을수록 좋다. 일본의 쇠퇴가 내부에 갇혀 자족하면서 일어났듯이 우리 역시 지금 수준에 안주하면 언제든 주저앉을 수 있다. 그나마 민간 기업들은 살아남기 위해서라도 글로벌 인재 양성에 공을 들이는데, 외교나 국방 같은 공공 분야에서는 경제 규모에 비해 글로벌 인재가 크게 부족해 안타깝다.

우리나라 인구당 외교관 수는 네덜란드보다도 적다. 적어도 4대 공관은 인력을 1.5~2배 늘려 앞으로 G7의 확장에 대비할 필요가 있다. 우리 해외 공관들은 만성적 인력 부족에 일상 업무와 본부에서 떨어지는 심부름 처리에 바쁘다. 그 때문에 외교관들이 특정 사안에 관해 깊이 고민할 여력이 없는 구조다. 인재들이 단순 업무로 소모되다 보면 일에 대한 비전을 잃고 관심사 또한 개인적 출세 같은 데 집중된다. 인재들이 일을 잘 할 수 있는 환경을 만들어 주고, 그들은 그들대로 대학원을 다니거나 국제적 싱크탱크에 들어가 실력과 인맥을 쌓아야 한다. 예전과 달리 미·중 양대 맹주의 갈등 속에 순간순간 전략적이고 현명한 판단이 필요한 시대다. '정답 없는' 외교 시대에 인적 투자를 아껴선 안 된다. 본부인 외교부 역할도 중요하다. 본부가 제 역할을 못 하면 신문으로 치면 현장 기자는 있는데, 심층기획팀이 없는 것과 같다. 이래서야 국익을 위한 큰 기획이 나올 수 없다.

국방 분야 인재 양성을 위해서는 사관학교의 위상 강화가 중요하다. 정원을 대폭 늘리고 교수진과 수업 내용을 세계적 수준으로 끌어올려야 한다. 건강하고 애국심 있는 남녀를 나랏돈으로 길러내는 곳이므로, 사관학교 졸업생들은 대개 국가관이 투철하다. 미국은 사관학교에서 최고 인재를 양성해서 셋 중 한 명만 군에 임관하고, 3분의 1은 민간 기업에서, 나머지 3분의 1은 정부 기관에서 일하게 한다. 지미 카터 전 미국 대통령도 해군사관학교 출신이다. 우리도 이런 식의 인재 양성 정책을 참고할 만하다.

덧붙여 예전에는 글로벌 인재 하면 외국어 능력을 꼽았으나 요즘에는 외국어에 능한 젊은이들도 많고 인공지능(AI) 통역 기술의 발달 등으로 언어 능력만으로 인재가 되는 시대는 저물고 있다. 영어 이상의 자기 콘텐츠가 필수적이다. 세계 비즈니스 리더와 정치인들이 모이는 다보스 포럼 같은 곳에선 직접적으로 비즈니스 애기를 하면 촌뜨기 취급을 받는다. 구체적 사안은 실무자들 몫이고, 리더들은 문화와 교양, 거대 담론 등 다양한 대화를 나눈다. 그 대화의 질이 관계의 깊이를 결정한다. 서구에서는 상류 사회일수록 대화가 통하는 걸 제일로 여긴다. 시험 엘리트나 단순한 외국어 능통자가 아니라 다양한 독서와 몸에 밴 취향의 축적으로 교양과 문화자산을 쌓아야 글로벌 무대에서 진가를 발휘할 수 있다.

아카데미 시상식에서 봉준호 감독과 윤여정 배우의 수상 소감이 화제가 됐다. 단지 영어를 잘하고 못하고는 중요하지 않다. 아마도 독서를 통해 길러졌을 그들의 풍부한 사고와 위트가 세련되고 재기 넘치는 언어로 드러나면서 콧대 높은 서구인의 박수를 끌어냈을 것이다. 세계를 호령하는 BTS도 바쁜 일정 틈틈이 '틈새 독서'를 통해서 절대 손에서 책을 놓지 않는다고 들었다.

독서란 우리의 시야를 넓혀주고 사고의 근육을 키워준다. '나'라는 콘텐츠를 만드는 지름길이다. 『제2차 세계대전』을 써서 노벨문학상을 수상하기도 한 처칠은 어릴 때부터 늘 사전을 들고 다녔다고 한다. 상황에 딱 맞는 언어를 찾으려는 노력이었다. 그는 "독서를 해서 전쟁에서 이길 수 있었다"라고도 말했다. 독서의 중요성은 글로벌 시대에도 여전하다. 아니 더 커진다. 독서와 교양은 글로벌 인재의 으뜸가는 덕목이다.

매력이 힘을 이긴다

"나는 우리나라가 세계에서 가장 아름다운 나라가 되기를 원한다. 가장 부강한 나라가 되기를 원하는 것은 아니다. (중략) 우리의 부는 우리 생활을 풍족히 할 만하고, 우리의 힘은 남의 침략을 막을 만하면 족하다. 오직 한없이 가지고 싶은 것은 높은 문화의 힘이다. 문화의 힘은 우리 자신을 행복하게 하고, 나아가서 남에게도 행복을 주기 때문이다."

백범 김구의 「내가 원하는 우리나라」의 한 부분이다. 이 글을 읽을 때마다 나는 무장 투쟁을 주도하던 혁명가가 어떻게 이렇게 아름다운 생각을 떠올렸는지 놀라곤 한다. 백범은 대한민국이 "향기가 나는 문화 국가가 되어야 한다"라고 이야기했다. 대체 향기가 난다는 건 무슨 뜻일까?

오래전 일이지만, 아내를 처음 만났을 때 나는 첫눈에 '아름답고 향기가 난다'고 느꼈다. 몇 마디 나누지 않았는데도 다져진 교양, 소탈한 성품, 사람을 향한 인정이 느껴졌다. 이 사람만큼 매력 있는 사람을 다시 만나기는 힘들겠다는 생각에 만난 지 얼마 되지 않아 청혼했다.

아름다운 사람을 보면 그 사람에게서 향기가 난다는 느낌을 받는다. 우리는 그런 사람을 매력적이라고 말한다. 왠지 그 사람 가까이 가고 싶고, 알고 싶고, 존중하고 싶고, 사랑하고 싶은 기분에 휩싸인다. 이때 매력은 비단 겉으로 보이는 모습만 뜻하지 않는다. 외모가 못생겼더라도 묘하게 끌릴 때도 많다. 어떤 사람이 말에서 지성을 드러낼 때, 행동에서 품위와 교양이 넘칠 때, 남들에게 용기와 관용을 보여줄 때 우리는 그에게 끌린다. 아마도 외모를 포함해서 이 모든 요소가 결합해 한 사람의 매력을 형성할 것이다.

국가도 마찬가지다. 백범은 인의가 넘치고, 자비가 넘치고, 사랑이 넘치는 나라여야 한다고 말했다. 우리나라가 오직 높은 문화의 힘으로 세계 평화에 이바지하는 문화 국가가 되어야 한다고 호소했다. 군사적으로 강하고 경제적으로 부유한 나라가 아니라 인의와 자비와 사랑에서 나오는 문화적 매력이 넘치는 나라를 꿈꿨다.

이를 조지프 나이 하버드대 교수 식으로 말하면 소프트 파워가 강한 나라일 것이다. 소프트 파워는 '자신이 원하는 것을 상대에게 하도록 하는 힘'인 하드 파워와 달리 '자신이 원하는 것을 상대도 원하도록 하는 힘'이다. 이제는 군사력, 경제력 같은 하드 파워만이 아니라 소프트 파워, 즉 문화와 매력을 갖추어야 세계 무대에서 영향력을 발휘할 수 있는 시대로 접어들었다.

나라의 크기만 보면 우리나라는 미국이나 중국 같은 강국이 되기는 힘들다. 그러나 일류 국가는 얼마든지 될 수 있다. 그 일류 국가로 가는 길이 바로 백범이 말한 문화 국가다. 나는 이를 '매력 국가'라 부르고 싶다. 때마침 K팝, K드라마, K무비, K문학 등 한류 열풍으로 K컬처가 전 세계의 각광을 받고 있다. 지난해 한강 작가가 노벨문학상을 수상해서 세계 문학계와 지성계에 큰 울림을 주기도 했다. 세계인이 한국의 음악을 듣고, 한국 소설을 읽고, 한국 영화를 본다. 세계인이 한국어를 배우고, 한복의 멋과 한식의 맛에 빠지고, 한국행 비행기 티켓을 끊는다. 문화 강국, 매력 국가의 길이 열린 것이다.

◆ ◇ ◆

그런데 매력 국가란 단순히 문화가 센 나라만은 아니다. 매력 국가의 전범으로 나는 자주 17, 18세기 네덜란드를 떠올린다. 당시 네덜란드는 완전한 사상과 종교의 자유를 보장했고, 관용과 포용이 넘치며, 망명자들이 줄을 잇던 '망명자의 천국'이었다. 종교개혁기 이단으로 몰려 생명을 위협받고 재산을 빼앗기게 된 이들이 네덜란드로 몰려왔다. 데카르트는 위그노(칼뱅주의 신교도)에 대한 종교적 박해가 시작되자 프랑스를 떠나 네덜란드에서 20~30년 망명 생활을 했다. 영국 계몽주의 철학자 존 로크도 왕당파를 피해 네덜란드로 왔다. 네덜란드 철학자 스피노자는 가톨릭교회의 종교 재판과 유대인 탄압을 피해 포르투갈에서 망명한 유대인 부부의 아들이었다. 그는 교수직도 거부하고 안경 렌즈 가는 기술자로 일하며 철학과 사상의 자유를 지켰다.

인재가 모이면 저절로 경제가 부흥하고 국력도 강해진다. 17세기 네덜란드는 유럽 금융의 중심이자 영국, 프랑스와 어깨를 나란히 하는 해양 패권 국가였다. 근세 초기에 일본까지 와서 서구 문물을 전한 이들이 네덜란드 상인들이었다. 미국 건국의 아버지들이 모델로 삼은 것도 이 시기의 네덜란드였다.

우리가 나아가야 할 매력 국가는 바로 17세기 네덜란드가 보여준 관용과 포용, 종교·사상·경제의 자유가 있는 나라다. 정치적·종교적으로 핍박받는 사람들이 자유를 찾아오는 나라, 표현의 자유로 창의성이 강물처럼 흐르고 문화가 꽃피는 나라, 편견과 차별이 없는 관용과 포용의 나라, 이주해 살고 싶고 기업을 일구고 싶은 나라, 사회적 갈등이 적고 주변국과 평화로운 관계 속에 안전과 평화를 보장하는 나라. 백범이 꿈꾸었던 문화 국가가 바로 이런 나라 아닐까 싶다. 미국과 중국 양대 패권국 사이에 끼여 어느 쪽이든 줄 서기를 강요받는 한국이 독자적으로 번영하는 길도 여기에 있다고 생각한다.

 매력 국가로 진입하기 위해선 해결해야 할 선결과제가 있다. 우선 세계 시민을 불러 모으려면 우리 안의 강고한 순혈주의를 벗고 타자에 대한 배척이나 혐오와 차별의 굴레에서 벗어나야 한다. 한국을 찾은 새터민, 다문화 이주민 등을 이등 시민으로 내려보는 시선, 난민에 대한 일각의 혐오를 벗지 않고서는 우리 안에서 관용을 키울 수 없다. 단일민족국가의 순혈주의에서 벗어나 우리 스스로 세계 시민 사회의 일원이 돼야 한다.

 자유를 절대 가치로 숭상하지만, 공공선을 위해서 때로 자유를 제한할 수 있다는 '공화' 정신도 필요하다. 우리 헌법 1조는 '대한민국은 민주공화국'이다. 오랫동안 독재정권과 싸우면서 민주에 대한 인식은 확고한 반면, 더불어 살아가기 위해 자유를 제한하거나 협치와 통합을 추구하는 공화의 가치는 덜 주목받았던 것이 사실이다. 언제나 자유, 민주, 공화, 이 세 가지가 함께 가야 한다. 더불어 사는 사회를 만들기 위해서 불평등을 해소하는 여러 제도를 만들고, 약자를 보호하는 안전망을 갖추며, 부동산 같은 지대 수익에 의존하는 세습 자본주의로 퇴행하지 않도록 사회적 공공성을 증진할 때 공화는 이루어진다.

이 대목에서 요즘 우리 젊은이들이 매료되는 나라들이 스웨덴, 핀란드 같은 북유럽 국가들이라는 점은 많은 것을 시사한다. 무한 경쟁을 부추기는 신자유주의 대신 유연한 노동과 튼튼한 사회안전망이 결합해 안정적 살림을 보장하는 사회민주주의적 스칸디나비안 드림에 끌린다는 얘기다. 나는 인간의 이기심은 부정할 길이 없다고 생각한다. 다만, 그 이기심을 활용해 사회적 활력과 축적을 이뤄낸 다음엔, 그 성과가 고루 돌아갈 수 있게 시스템적으로 개입하는 것이 중요하다고 믿는다. 자본주의에 절제와 상생이라는 윤리를, 염치와 공동체성을, 인간의 얼굴을 갖게 하는 것. 이 또한 매력 국가로 가는 길일 것이다.

◆ ◆ ◆

"공원의 꽃을 꺾는 자유가 아니라 공원에 꽃을 심는 자유다. 우리는 남의 것을 빼앗거나 남의 덕을 보려는 사람이 아니라 가족에게, 이웃에게, 동포에게 주는 것으로 즐거움으로 삼는 사람이다. 이것이 우리말에 이른바 선비요 점잖은 사람이다."

문화 국가론을 주창한 백범은 문화 국가의 기둥 정신으로 점잖은 선비 정신을 강조했다. 선비 정신의 핵심은 나만 보겠다며 꽃을 꺾고 남의 것을 빼앗는 약탈의 자유가 아니라 남도 함께 볼 수 있게 꽃을 심어 나누며 자기만 챙기는 탐욕을 부끄러워하는 '염치'다. 이는 매력 국가의 '공화 정신'과 통한다.

이승만 대통령과의 인연

앞서 이건희 회장을 생각하면 또 하나 잊을 수 없는 기억이 이승만 대통령에 대한 일이다. 중앙일보 사장이 된 이듬해인 1995년 이승만 대통령의 양자인 이인수 박사가 이화장으로 나를 초대했다. 아버지가 이승만 정부 시절 각료를 지낸 인연으로 나는 프란체스카 여사가 돌아가시기 전까지 이화장을 여러 번 찾은 적이 있다. 그런데 그날 이 박사가 나를 데려간 곳은 처음 가본 방으로, 문을 여는 순간부터 이상한 긴장감과 설렘에 휩싸였다. 한국 근현대사의 한순간을 증거하는 생생한 자료들이 정리되지 않은 채로 뒤엉켜 누군가의 손길을 기다리는 느낌이었다. 수북이 쌓인 걸 하나하나 들춰보니 이 대통령의 영문 일기, '하버드 앨범'이라는 사진첩, 초서(草書)로 쓰인 한문 편지 수백 편 등이었다. 항일독립운동가 시절 김구, 김규식, 서재필 등 주요 인사들과 주고받은 서찰들도 눈에 띄었는데, 그들에게 보낸 편지가 남아 있는 게 특이했다. 옛 선비들이 그랬듯 자필로 한 통을 더 써서 복사본처럼 간직했던 것이다.

게다가 글씨에서는 고매한 품격이 흘렀다. 좌우 갈등 속에 건국 영웅이 제대로 평가받지 못한 아쉬움에 더해 현대사 연구에 필수적인 자료들이 방치된 현실을 보니 순간 코끝이 매워지며 눈물이 핑 돌았다. 이인수 박사는 아무도 관심을 품거나 도와주는 이들이 없어 이 자료를 어찌하면 좋을지 모르겠다고 한숨을 푹 쉬었다.

돌아오자마자 이건희 회장을 찾아가 말을 전했다. 지금에야 사회적으로 이승만 대통령이 재조명되고 있지만 당시만 해도 그의 이름은 금기어였다. "우리가 하자." 묵묵히 듣던 이 회장의 입에서 나온 말이었다. "이승만 대통령이 없었다면 대한민국이 없었고, 기업이 없었고, 삼성이 없었다. 돌아가신 아버지, 장인어른도 항상 그렇게 말씀하셨다. 우리가 나서자." 그러곤 이 회장은 50억 원을 내놓았다. 지금으로 치면 500억 원이 훌쩍 넘는 큰돈이다. 이건희 회장이 도움을 줄 것이라 예상은 했지만 그렇게 큰돈은 짐작 못했다. 50억 원 기부를 계기로 유명무실했던 '이승만박사 기념사업회'가 제대로 된 꼴을 갖출 수 있었다.

이어 1997년에는 연세대에 이승만 연구를 위한 '현대한국학연구소'가 문을 열었다. 나의 청을 받아들여 송자 연세대 총장이 뜻을 보탰다. 이화장에 있던 10만여 장의 '이승만 문서'들이 연구소로 옮겨졌다. 유영익 연세대 국제학대학원 석좌교수가 연구소장을 맡아 자료 정리와 학술 연구를 진두지휘했다. 이승만 재평가에 획을 그은 유영익 교수의 연구가 여기서 탄생했다. 나는 2000년부터 주미대사로 나가기 전인 2004년까지 이승만기념사업회 회장직을 맡았고, 중앙일보를 통해서도 '이승만 바로 보기'에 관심을 기울였다. 만일 그날 이화장을 찾지 않았더라면, 이건희 회장이 50억 원을 쾌척하지 않았더라면 그 귀한 자료들의 운명은 어찌 되었을까. 언젠가 이승만대통령기념관이 문을 열면 그렇게 지켜낸 자료들이 더욱 빛을 발하게 될 것으로 기대한다.

역사적 공과가 엇갈리지만 이 대통령이 자유 민주주의 시장경제의 초석을 쌓은 것만은 부정할 수 없는 일이다. 이병철 회장이나 선친도 내리 그 점을 강조하셨다. 1965년 이승만 대통령 영결식 날 두 분이 동작동 국립 현충원까지 상여 행렬을 따라 걸어 다녀오신 기억이 난다. 시장경제 신봉자인 이 대통령은 기업의 역할과 기업가 정신을 강조했고, 이병철 회장도 "내가 존경하는 유일한 대통령은 이승만 대통령"이라고 입버릇처럼 얘기했다. 4·19 혁명 때 남산의 이승만 동상이 훼손된 걸 안타까워한 이병철 회장은 이후 인천상륙작전이 있던 인천(CJ제일제당 인천제1공장 입구)에 이승만 대통령과 맥아더 장군의 동상을 세우기도 했다.

1960년 3월 이승만 대통령이 서울에서 맞은 마지막 생신 잔치 때 열한 살이던 나는 프란체스카 여사의 화동 3명 중 한 명으로 참석했다. 대통령은 그날 이후 한 달도 못 돼 4·19 혁명으로 망명길에 오르고, 5년 뒤 유해가 돼 돌아왔으니 사람의 운명은 한 치 앞을 모를 일이다. 너무 오랜 시간이 지났지만 이제야 우리 사회가 공은 공대로, 과는 과대로 이 대통령과 건국의 의미를 균형 있게 조망하기 시작한 것은 참으로 다행스러운 일이다.

이 대통령으로 인해 선언적 건국을 넘어 나라의 시스템과 기틀이 만들어졌다. 철저한 외교주의자였고 토지 개혁, 의무교육, 여성 투표권, 한·미상호방위조약이 다 그의 성과였다. 1958년 준비를 시작한 경제개발 3개년 계획은 민주당 정권을 거쳐 박정희 대통령의 경제개발 5개년 계획의 탄생으로 이어졌다. 원자력이 뭔지도 모르는 시대에 국비 유학생을 선발하고 연구용 원자로를 만들어 과학기술에 투자하기도 했다. 물론 독재자로서 민주주의를 흔든 부분은 어쩔 수 없는 그늘이다.

하야 직후 장제스 대만 총통이 이 대통령에게 위로의 편지를 보내자, 그에 회신하길 "나는 위로받을 필요가 없다. 불의에 궐기한 백만 학도가 있고 정신이 살아 있는 국민이 있으니, 나는 지금 죽어도 여한이 없다. 나라의 미래는 밝다"고 했다니 그릇이 참 큰 어른이었다 싶다. 1954년 미국 국빈 방문 때 이 대통령은 "삶이란 먼저 살다 간 사람들에게 신세를 지는 일이다. 자유의 횃불을 높이 드는 것이야말로 타인을 위해 희생한 사람들에게 신세를 갚는 일"이라고 연설했다. 이 대목에서 보수란 '먼저 산 사람들의 수고를 잊지 않는 것'이라고 정의한 이문열 작가의 말이 떠오른다. 어쩐지 가슴이 뭉클하다.

CHAPTER 2

품격

'마음을 정돈할 방법'이 있어야 한다

 서양의 귀족이나 상류층을 만나서 '동양에는 당신들에게 없는 세 가지 독특한 문화가 있다'라고 하면 듣는 이들이 귀를 쫑긋 세운다. 그 세 가지는 바로 바둑, 서예, 참선이다.

 우선 바둑. 최초로 인간을 이긴 AI 바둑 프로그램 알파고를 만든 구글 딥마인드의 데미스 하사비스는 천재답게 어린 시절 체스 챔피언이었다. 케임브리지대에 입학해서 처음 바둑을 접했는데 수천 년 역사를 가진 바둑 앞에서 체스는 한낱 아이들 게임처럼 느껴졌다고 했다. 헨리 키신저도 『중국 이야기』에서 중국을 평가할 때 간과해선 안 되는 것의 하나로 바둑을 꼽았다. 그는 체스에는 없는 '세(勢)'라는 개념이 바둑에 있다는 데 주목했다.

여담이지만 2016년 우리나라에서 알파고와 이세돌의 대국이 열렸을 때 나는 한국기원 총재를 맡고 있었다. 돌이켜 생각하면 AI 시대 개막을 알리는 역사적 현장이었다. 나는 에릭 슈미트 구글 회장과 우리 대통령의 만남을 주선했으나 정부의 소극적 태도로 불발돼 아쉬움이 컸다. 반면 중국은 알파고의 등장에 충격을 받고, 그 이듬해부터 정부 주도로 강력한 AI 드라이브를 걸었다. 이후 중국 AI산업의 급성장은 익히 아는 바다. 한편 알파고의 아버지 하사비스는 대국 이후 런던으로 돌아가 단백질 구조 분석 AI 알파폴드를 개발했고, 그 공로로 2024년 노벨화학상을 받았다.

◆ ◇ ◆

참선 혹은 명상은 이미 동양 문화를 넘어서 전 세계에 하나의 마음산업으로 자리 잡았다. 구글 같은 기업들도 직원들을 위해서 이를 가르칠 정도다. 서예는 글씨만 잘 쓰는 기술에 그치는 게 아니다. 그 안에 인격과 철학이 들어 있는 종합 예술이자 사대부들의 정신 수양 도구다. 이쯤 얘기하면 듣던 이들이 고개를 끄덕인다.

2010년을 전후로 찰스 왕세자(찰스 3세)를 몇 차례 만났다.

예술 다큐멘터리 영화 '광화문의 부활, 잃어버린 빛을 찾다 (The Arch of Enlightenment)'의 제작에 내가 도움을 준 인연 때문이다. 광화문 복원 과정을 다룬 영화로, 찰스 왕세자 자선재단이 전 세계 주요 문화유산의 복원 작업을 영상으로 담아 기록하는 '마스터피스 필름' 시리즈의 하나로 제작되었다. 이 일을 계기로 몇 차례 만났는데, 하루는 찰스 왕세자의 거처이자 집무실인 런던 클래런스 하우스에서 따로 이야기할 기회가 있었다.

이런저런 얘기를 나누다 보니 찰스 왕세자의 취미가 수채화 그리기이고, 주로 "마음을 가라앉힐 때 그림을 그린다"는 걸 알게 됐다. "머리로 구상하면서 30분 정도 빈 캔버스 앞에 앉아 있는 걸 좋아합니다. 그러면 마음이 가라앉지요." 찰스가 말했다. 놀랍게도 내가 서예 하는 이유와 비슷했다. "전 마음을 가다듬기 위해 서예를 합니다. 동양에만 있는 독특한 문화지요." 찰스 왕세자가 흥미롭다는 듯이 나를 쳐다봤다.

서예의 과정이란 이렇다. 무엇을 쓸지 먼저 머리에 담고, 빈 종이 앞에 단정히 앉아 글의 뜻을 새기면서 가만히 글씨의 길을 구상한다. 동양의 선비들은 서예를 통해 세 번 마음을 다스린다. 벼루에 물을 붓고 먹을 갈면서 마음을 잔잔히 가라앉히며 한 번, 흰 종이를 바라보면서 마음을 맑게 하며 한 번, 한 글자씩 정성을 다해 쓰면서 마음에 굳센 힘을 불어넣으며 또 한 번이다. 도중에 한순간이라도 삿된 마음이 끼어들면 글씨가 대번에 흐트러진다.

물론 서양에도 서예에 해당하는 '캘리그래피(calligraphy)'가 있다. 아름답다는 뜻의 'calli'에 쓰기라는 'graphy'를 더해 '아름답게 꾸민 글자'다. 주로 성경을 필사할 때 쓰는 장식적인 글씨로, 중세 때 유행했다. 귀족 아닌 전문 장인들이 썼고 미적이거나 기능적 성격이 강했다. 반면 동양의 서예는 시를 짓고 그림을 그리는 것과 함께 선비가 반드시 익혀야 하는 소양의 하나였다. 선비가 정신을 수양하는 방법이자, 선비의 정신을 드러내는 예술이었다. 기술적으로 잘 쓰는 것보다 글씨 안에 글쓴이의 인격과 철학을 담는 게 더 중요하다. '글씨는 곧 그 사람과 같다'라는 '서여기인(書如其人)'이라는 말도 있다. 단지 글자 모양이 좋고 균형이 잡혔다 해서 '글씨를 (잘) 쓴다'고 하지 않았다.

◆ ◆ ◆

글씨를 쓴다는 것은 집중해서 전면적 자기 성찰에 들어가 마음의 바탕에 정신의 문양을 그리는 일이다. 정성 들여 한 글자씩 옮겨 적는 일은, 뜻을 생각하며 마음을 담고, 기세를 느끼면서 기운을 기르고, 붓놀림을 따르면서 자연의 흐름을 느끼는 것이다. 이때의 글씨는 이미 글자가 아니다. 뜻이고 길이다.

동양 사람이나 서양 사람이나, 지위가 높거나 낮거나, 번잡한 세상에서 여유 있고 기품 있는 삶을 살려면 자신을 돌이키며 정신을 수양하는 취미가 한두 개는 있어야 한다. 특히 리더라면 더욱 그렇다. 정신의 힘을 알지 못하면 마음이 산만해 좋은 리더가 될 수 없다. 몸은 시간을 쪼개 쓰며 분주하더라도 마음은 고요하고 단정해야 한다. 정확히 판단하려면 사물의 본질을 꿰뚫어 봐야 하는데, 그러려면 마음에 흐트러짐이 없어야 하고, 무엇보다 고정관념에서 벗어나야 한다. 이때 마음을 비우는 으뜸가는 기술이 서예다. 동양의 많은 지도자가 바쁘고 엄중한 순간일수록 서예를 놓지 않은 이유다.

돌이켜 보면 이병철 회장, 그리고 이건희 회장의 집무실 책상 한쪽에도 서예 도구가 있었다. 결재 서류가 한 더미인 그 책상 한쪽에서 그들은 붓글씨를 썼다. 큰 기업을 경영하며 중요한 판단을 하는 틈틈이 마음을 다잡는 마음 수양의 시간을 가졌다는 뜻이다.

◆ ◆ ◆

내가 서예의 힘을 깨닫게 된 것은 2000년대 중반, 생각지도 못한 삼성특검팀의 조사를 받으며 고초를 겪을 때다. 복잡하고 억울한 마음과 나쁜 생각이 머리에서 떠나지 않았다. 그때 추사 김정희를 알게 되지 않았더라면 내 마음을 달래기가 쉽지 않았으리라. 누군가 선물한 한승원 선생의 소설 『추사』를 읽으며 어둠의 출구를 본 듯했다. 추사도 유배지에서 글씨를 쓰고 그림을 그리며 마음을 달랬다.

추사 작품 중 최고로 치는 명품 '세한도(歲寒圖)'는 유배 시절 그린 것으로, 위기와 절망에서 오히려 자기 완성의 길을 찾아내려 한 고투의 산물이다. '세한도'는 『논어』에 나오는 공자의 말 "날씨가 추워진 후에야 소나무와 잣나무가 나중에 시든다는 것을 안다"를 그림으로 표현한 것이다. 선비의 절개는 어려움에 부닥쳐야 비로소 알 수 있으니, 한겨울에도 한결같이 푸른 소나무와 잣나무처럼 살라는 말이다.

이 책을 덮으며 나도 글씨를 쓰기 시작했다. 부단히 쓰고 또 쓰다 보니 어느 순간부터 조금씩 마음이 가라앉았다. 추사의 마음을 조금이나마 헤아릴 수 있을 것 같았다.

이후 서예 선생님을 개인적으로 모셔서 여섯 해 정도 운필을 익혔다. 서예를 시작하자 주변 사람들이 충고하길 자기 이름 석 자를 제대로 쓰는 데에도 10년은 걸리니 끈기를 가지라고 했다. 처음엔 설마 했는데 세월이 흐를수록 그 말의 무게를 실감한다. 글씨를 바로 쓴다는 건 그저 익히고 배워서 되는 게 아니라, 내가 글씨의 주인이 되고 마음을 바로 세워야 하는데 그만큼 어려운 것이 없기 때문이다.

글씨를 쓸 때면 혜능 선사의 "마음이 바르면 법화(法華)를 굴리고 마음이 삿되면 법화에 굴리게 되느니라"란 구절을 떠올린다. 이 구절은 "힘써 법대로 수행하면 이것이 곧 경을 굴리는 것이니라"로 이어진다. 경전이 아니라 세속에 득도의 길이 있으며, 깨달아 마음에 중심이 서면 세상에 휘둘리지 않고, 마음에 깨달은 바가 없으면 세상이 나를 흔든다는 얘기다. 이를 서예에 적용하면, 내 마음에 중심이 서면 글씨에 휘둘리지 않고 글씨의 주인이 되고, 마음의 중심을 잡지 못하면 붓이나 글씨체에 휘둘려 글씨를 쓰는 게 아니라 글씨 만들기에 사로잡힌다는 뜻일 것이다.

서예에서 글씨를 잘 쓰느냐 못 쓰느냐보다 중요한 것은 내가 내 글씨를 쓸 수 있느냐다. 처음에는 서법을 익히는 수련의 과정이 있지만, 궁극의 단계는 서법을 철저히 배워서 서법을 잊어버리는 것이다. 모든 예술과 기술이 그렇듯, 생각과 매뉴얼이 작동할 틈 없이 그저 글씨가 써져야 경지에 오른 게 된다. 마치 근육이 동작을 기억하는 운동선수처럼 몸이 절로 움직인다. 서법에서 자유로워지는 것이다. 그제야 서법에서 자유롭고, 붓에서도 자유롭고, 마침내 글씨에서도 자유로운 내 글씨를 얻게 된다. 그냥 내가 드러나는 내 글씨를 쓰게 되는 것이다. 그게 주인의 글씨다.

나는 요즘에야 조금씩 붓에서 자유로워지기 시작한 것 같다. 예전엔 붓이 마음에 들지 않으면 글씨 쓰기가 싫었는데 이제는 나쁜 붓으로도 어느 정도는 운필할 수 있다. 이런 성장을 확인할 때마다 기쁘다. 물론 아직 갈 길이 멀다는 것도 안다. 여전히 서법에 잡혀 있고, 붓에 잡혀 있다. 언제고 내 글씨를 얻는 게 여생 목표라면 목표다.

굵은 붓을 힘주어 쓰는 큰 글씨는 웬만큼 흉내 낼 수 있지만, 작은 글씨는 아직 쉽지 않다. 큰 글씨를 마음에 들게 잘 써놓고 세필로 몇 자를 곁들이다 전체를 망친 적도 많다. 세필이 더 어려운 이유가 작은 글씨일수록 흠을 감출 수 없는 데다가, 큰 붓으로 작은 글씨를 써야 해서다. 서양에는 붓 굵기가 1mm부터 수십 가지 있는데, 우리는 대·중·소 세 종류로 쓴다. 우리 대가들은 큰 붓으로도 작은 글씨를 잘 쓰니 그만큼 역량이 뛰어나다고 할 수 있다.

◆ ◈ ◆

인간은 같은 일을 꾸준히 반복해서 자신을 바꾸어 간다. 내가 글씨를 써 나가는 동안 글씨 또한 나를 써 나간다. 아침 일찍 혹은 저녁에 집에 돌아와 간단히 명상한 후 먹을 갈면서 글씨 쓸 준비를 한다. 세상사에 대한 잡념으로 분주했던 마음이 잠잠해지면서 고요가 찾아온다. 소중한 시간이다.

  글씨 쓰기를 시작해 10분 정도는 자꾸 다른 생각이 일면서 손이 떨린다. 그 순간을 견디고 계속 쓰다 보면 손 떨림이 잦아들면서 오직 글씨만 눈에 들어온다. 몰입의 순간이다. 글씨 쓰는 행위에만 푹 빠진 상태가 찾아온다. 어느새 한 시간 넘게 집중하다 보면 나를 잊어버리고, 글씨도 잊어버리고, 일심(一心)이 되는 무아지경에 달한다. 내 주변에 오직 밝음만이 있는 몰입의 경지다. 심리학자 미하이 칙센트미하이가 말했던 "주변 1m에 나와 밝음만 있다"는 그런 몰입의 순간이다. 몰입의 순간을 경험하고 나면 가슴이 뻥 뚫린 듯 시원해지고 머리가 맑아진다. 지엽적 문제에 매달리는 나 대신 사건 중심을 직관하는 내가 된다. 마음을 비우고 리셋해서 있는 그대로의 본질을 바라보게 된다. 복잡한 일이 생길 때마다 틈을 내서 잠시라도 붓을 잡으려는 이유다.

  살아가면서 누구에게나 마음을 다잡고 정돈하는 방법이 있어야 한다. 그것이 마음 수양이나 인격 도야는 물론이고 일을 잘해내고 성과를 올리는 데도 도움이 되기 때문이다. 공부하기 전 책상 정리를 하는 것처럼, 흐트러진 마음과 정신으로는 일을 잘할 수가 없다. 성공을 꿈꾼다면 하루에 단 10분이라도 자신의 마음을 들여다보며 몰입하는 시간을 가져라. 멈추면 비로소 보인다고, 하던 일을 멈추고 오롯이 나에게 집중할 때 바라던 모든 일이 더욱 가까이 와 있을 것이다.

  글씨를 쓰다 멈추고 내 손을 가만히 내려다본다. 그럴 때마다 "영혼이 깃들지 않은 손으로 작업한다면, 예술은 존재하지 않는다(Where the spirit does not work with the hand, there is no art)"는 레오나르도 다빈치의 말이 떠오른다. 손이야말로 예술의 거처다. 과학자들도 창의성 발달에 '손노동'의 중요성을 강조한다. 손노동의 기회가 사라지는 디지털 시대에 서예만큼 유용한 손의 예술이 없다. '한 손에는 붓을, 다른 한 손에는 스마트폰'을 들고 디지털과 아날로그의 균형을 맞춰보길 바란다.

머리에서 가슴으로 가는 여행

"머리에서 가슴까지 오는 데 70년 평생이 걸렸다." 김수환 추기경이 일흔을 훌쩍 넘겼을 때 하신 말씀이다. 더 정확히는 다음과 같다. "머리와 입으로 하는 사랑에는 향기가 없다. 진정한 사랑은 이해, 관용, 포용, 동화, 자기 낮춤이 선행된다. 사랑이 머리에서 가슴으로 내려오는 데 70년이 걸렸다." 추기경 같은 분도 70년이나 걸렸다니, 사랑을 익히는 건 참으로 쉽지 않은 일이다.

추기경이 이 책을 보셨는지는 알 수 없으나, 미국 작가 게리 주커브의 『영혼의 자리』에도 비슷한 말이 나온다. "인생의 가장 먼 여행은 머리에서 가슴까지의 여행이다." 냉철한 머리보다 따뜻한 가슴이 더 소중하다는 뜻이다. 주커브는 이 말을 어느 북미 원주민에게서 들었다고 한다. 이 말은 이처럼 여러 사람 입을 거쳐서 다시 내게 전해졌다. 인연이 참 깊다. 먼 북미에서 이 땅까지 좋은 말은 이렇게 끝없이 전해지고 사람들 마음에 메아리친다. 시간을 뛰어넘는 지혜가 담겨 있기 때문일 것이다. 신영복 선생은 자신의 책에서 북미 원주민의 지혜에 한 줄을 더 보탰다. "머리 좋은 것이 마음 좋은 것만 못하고, 마음 좋은 것이 발 좋은 것만 못하다." 발은 실천을 의미한다. 냉철한 머리보다 따뜻한 가슴으로 움직여야 하고, 가슴으로 공감하는 데 머물지 않고 삶의 현장에서 발로 이를 실천해야 한다는 얘기다.

　우리 대부분은 머리에서 가슴으로 가는 여정 그 어딘가에서 인생을 마감한다. 추기경도 70이 되어야 그 여정을 마쳤다고 하셨다. 때때로 그조차 시작해 보지 못하는 딱한 인생도 있다. 자신의 딱딱한 머리를 끝내 깨지 못한 채 한순간도 가슴으로 살아보지 못하다 삶을 마감하는 것이다. 어쩌면 진짜 인생은 인간다운 삶, 즉 자기 지식과 경험만으로 이루어진 생각의 틀에서 벗어나 타자의 삶을 마음으로 받아들이는 공감 과정을 통해서 인간의 품(品)과 격(格)을 이룩해 가는 데 있는 게 아닐까. 나도 세상 많은 지식을 머릿속에 담는 일엔 능했지만, 삶을 머리에서 가슴으로 내려보내는 일은 쉽게 되지 않았다.

해방 직후 아버지가 서울대 설립 과정에 참여해 크고 작은 기여를 했는데, 그 공덕을 나누어 받았는지 나를 포함한 남자 형제들이 모두 서울대 출신이다. 어려서부터 형제들이 다들 공부를 잘했는데 집에서는 누구 하나 공부하라 잔소리하는 이가 없었다. 요즘 기준으로는 방임주의에 가까울 정도였다. 단 아버지가 늘 책 읽는 모습으로 모범을 보이시니 알아서들 했다. 아버지는 다양한 추천 도서를 골라주시고 자식들에게 토론 거는 걸 좋아하셨는데, 그 덕에 지적인 논쟁이나 세상을 머리에 담는 일에 자신감이 생겼다. 특히 내게는 정치, 경제, 역사, 철학 등 다양한 책을 읽게 하셨다. 자랑처럼 들릴지 모르지만 초등학생일 때부터 아이들 앞에 서서 중국 정치가들 이름을 들먹이며 일장 연설을 하면 아이들이 경탄스러운 표정으로 바라보곤 했다.

게다가 나는 흔히 하는 말로 일찍 출세한 편이라 30대부터 어느 자리를 가도 가장 나이가 어렸다. 지적으로는 나를 따를 사람이 없어 보였다. 파이터 기질까지 있어 매사 자신감 넘치고, 공격적이거나 직설적인 말도 많이 했다. 성격도 급한 편이라 쓸데없이 상대에게 상처를 주는 일도 있었다. 물론 예의범절을 갖추라는 교육을 받아 어디서나 깍듯하게 행동했지만, 뼛속 깊이 엘리트주의, 지적인 우월 의식이 똬리 틀고 있었음을 인정하지 않을 수 없다. 소박한 기품의 처가와 배려심 깊은 아내를 만나기 전까지는 초엘리트주의에 빠져 있었다고 해도 과언이 아니다.

유복한 가정에서 나고 자라서 세상 어려움도 잘 몰랐던 게 사실이다. 대학 시절 얘기다. 사정이 있어 한동안 똑같은 바지를 입고 다녔는데 어느 날 "진 바지만 입으니 편하고 좋다"고 했더니 한 친구가 정색했다. "넌 집에 가면 다른 바지가 많지만 난 진짜 이 작업복 한 벌밖에 없어. 우리 같은 사람 심정을 너는 이해 못 해." 얼굴이 화끈거렸다.

이처럼 머리만 믿고 가슴 없이 살아가는 사람에게 하늘은 최고의 삶을 허락하지 않는 것 같다. 삶의 굽이굽이에 크고 작은 시련을 내린다. 나도 상상조차 못 했던 몇 차례 일로 삶이 뿌리째 흔들리는 일을 겪었다. 그럴 때마다 과연 하늘이 이런 일을 내게 내린 이유가 뭘까 묻곤 했다. 인간(人間)이란 글자 그대로 '사람 사이'를 뜻한다. 혼자가 아니라 더불어 살아가는 것이 인간다움의 요체인데 아마도 그 당연한 진리를 깨우치라고 그런 시련을 내린 게 아닐지 하고 짐작할 뿐이다. 자기만 똑똑하고, 자기만 최고라 생각해서는 머리에서 가슴까지의 여행을 마치지 못한다는 교훈을 일깨워 주려고 말이다.

가슴으로 살려면 타인에 대한 공감과 존중이 우선이다. 머리로 사는 사람은 흔히 이런 말을 듣는다. "네 말이 다 맞아. 그런데 난 네가 별로야." 가슴으로 사는 사람은 반대다. "나는 너를 믿어. 팥으로 메주를 쑨다 해도 당신을 따를 거야." 어느 쪽이 인생에 도움이 될지는 명약관화하다. 공자가 군자가 갖추어야 할 품성으로 '덕'을 강조한 것도 이 때문일 것이다.

많은 걸 안다는 이유로 자신을 최고로 여기는 이들 중에 타인을 대하는 태도에 문제 있는 사람을 종종 본다. '사람 사이'에 대해서는 별로 알지 못하면서, 마치 세상 모든 일을 다 아는 듯이 말하고 행동한다. 이런 이들은 자신도 모르게 주변 사람에게 상처와 고통을 안겨준다. 사회적 지위가 있으니 겉으로 따르는 이들이 있을지 모르나 실제로는 시간이 갈수록 외로워진다. 이런 사람이 재산과 지위를 잃으면 모두 떠나간다. 설령 평생 높은 지위에 있어 주변에 사람이 머문다 해도, 이를 좋은 삶이라 할 순 없을 것이다.

◆ ◆ ◆

'화안애어(和顏愛語)'라는 말이 있다. '부드러운 얼굴, 사랑스러운 말씨'라는 뜻이다. 머리에서 가슴으로 가는 길에 내가 붙잡은 화두다. 사람은 모두 다르기에 인생 처방도 같을 수 없다. 아무리 좋은 말씀도 내 문제를 해결하는 데 도움이 되지 못하면 소용없다. 예부터 좋은 스승은 제자의 성품에 맞추어 삶을 처방했다. 자기 문제를 직시하고 그에 맞는 '자기 약방문'을 찾는 것이 중요하다는 얘기다. 내게는 '화안애어'란 말이 화두로 딱 좋았다. 자비로운 마음으로 다른 사람을 받아들이고, 늘 부드러운 얼굴과 사랑스러운 말로 대해서 좋은 인연을 늘리고 나쁜 인연을 없애라는 말이다.

인생 후반부에 이 화두를 받아 들고서야 나는 머리에서 가슴으로 가는 여행을 본격적으로 시작할 수 있었다. "오늘 나는 부드러운 얼굴과 사랑스러운 말씨로 사람들을 대했는가?" 잠들기 전 명상을 하면서 스스로 묻는다. 오늘은 머리로만 살지 않았는가, 뾰쪽하고 공격적인 말로 주변에 상처를 주지 않았는가, 돌아본다. 머리에서 가슴으로 가는 길도 이토록 멀고 먼데, 가슴에서 발로 가서 실천하는 삶은 또 얼마나 머나먼 길일까. 이번 생에서 그 맛을 약간이나마 엿볼 수 있기를 바란다.

가슴 여행을 시작한 후 약간의 소득도 있는 듯하다. 최근 아내의 평이 후해졌다. "사람이 참 안 변하는 존재라 별 기대를 안 했는데 요즘 당신 정말 많이 달라졌어요. 예전 모습이 많이 줄었네요." 표정이 부드러워지고, 말투가 다정해지고, 진심으로 남을 배려하는 모습이 늘었다는 칭찬이다. 바로 옆에서 꾸밈없는 내 본모습을 지켜본 이가 해준 말이니 뿌듯하고 행복하다.

이런 마음을 청년 시절부터 품었으면 얼마나 좋았을까. 주변 사람 마음을 덜 다치게 했을 것이고, 더 충만한 삶을 살지 않았을까. 똑같은 일을 하면서도 남에게 상처를 덜 주지 않았을까. 아니 가슴에서 발로 가는 여행에 뛰어들어 세상을 더 좋은 곳으로 만드는 데 공헌하지 않았을까. "머리 좋은 것이 마음 좋은 것만 못하고, 마음 좋은 것이 발 좋은 것만 못하다." 오늘도 이 말을 마음에 새긴다.

고수들의
우아한 대화의 기술

될 수 있는 한 많이 웃으려고 노력한다. 안 웃으면 엄해 보인다는 말을 많이 들어서다. 젊었을 때는 잘 몰랐는데, 찬바람 도는 표정이 얼마나 다른 사람을 아프게 하는지 이제야 알게 됐다. 리더는 단호해야 한다지만, 상대방 의견을 딱 자르면서 매몰차게 돌아서는 것이 단호함은 아니다. 거절하면서 굳이 상대방을 민망하게 할 필요는 없다. 아내가 "찬바람이 쌩쌩 나네요"라며 꼬집는 경우가 더러 있는데, 어김없이 내가 그런 태도를 보였을 때다.

거절은 무척 어려운 대화의 기술이다. 살아오면서 알게 된 게 단호한 거절보다는 우아한 거절이 효과가 있다는 점이다.

철없을 때는 만나자는 요청 자체를 거절하는 일도 많았다. 상대와 대화가 통하지 않을 거라고 섣불리 예단하곤 했다. 늘 시간에 쫓기며 사는데 영양가 없는 시간 낭비라고 지레짐작하기도 했다. 말할 기회조차 주지 않았기에 상대방은 기분이 많이 상했을 것이다.

지금은 생각이 많이 달라졌다. 어떤 얘기도 시간과 사정이 허락하는 한, 일단 귀 기울여 듣고 관심을 두려고 애쓴다. 누군가와 대화하는 데서 즐거움을 느낀다면 그 자체만으로 고마운 일이다. 그들로부터 내가 모르는 것을 새로 배우기도 한다. 자식들에게도 자주 충고한다. 조직을 이끄는 지도자에게 필요한 덕목은 근엄하게 혼자 끝없이 말하기보다는 관용과 경청의 소통법이다. 잘 듣는 사람만이 성공에 가까이 갈 수 있다.

리더의 대화법은 그 자체가 리더십의 핵심이다. 나는 젊을 때부터 세세히 지시하기보다는 전체 방향을 확실히 전달하는 데 신경 썼다. 큰 틀의 공유가 중요하기 때문이다. 내 공부 방법도 비슷하다. 먼저 큰 그림을 그려서 전체 맥락을 잡은 후 개별 정보를 맥락에 맞게 배치한다. 이렇게 하면 일목요연하게 전체를 파악할 수 있고, 나중에 모르는 게 생기더라도 구축된 정보와 지식 체계를 토대로 비교 분석하면 쉽게 이해할 수 있다.

대화할 때도 배경 그림부터 그려가며 설명한다. 그래야 핵심을 놓치지 않고 내 의사를 정확하게 전할 수 있다. 설득이 필요할 때는 나와 상대가 서로 이득이 되는 그림을 그리는 데 초점을 맞춘다. 상대에게 틀렸다고 하지 않으면서 내가 옳다고 생각하는 바를 잘 전달하는 기술도 협상에선 중요하다. 이것만 잘 익혀도 모든 일에서 유용한 무기로 쓸 수 있다.

최고의 대화법은 원하는 것을 직접 드러내지 않고도 뜻을 충분히 전하는 대화법일 것이다. 중세 유럽 귀족들은 비유와 상징을 통해서 돌려 말하는 대화법에 익숙했다. 예수부터가 그러한 대화법의 최고봉이잖은가! 동양의 선비들 역시 직접 바라는 바를 얘기하는 대신 전고와 비유로 가득한 시를 보내서 뜻을 전했다. 유럽의 상류 사회에서는 아직도 이러한 소통법을 사용한다. 굳이 거북한 말, 불편한 표현, 노골적 청탁을 하지 않는다. 단지 만나자는 약속을 먼저 청하는 것만으로 바라는 바를 전달하기도 한다.

1999년 3월, 토니 블레어 영국 총리를 인터뷰하기 위해 런던으로 날아갔다. 엘리자베스 영국 여왕이 방한한 직후였고, 발발 1년이 넘은 코소보 사태가 막바지로 치달을 때였다. 코소보 사태는 나토가 개입하면서 막을 내리는데, 그 무렵에 인터뷰를 잡는 데 성공했다. 블레어는 국무회의에서 유고연방에 공습 명령을 내린 직후 인터뷰 장소로 왔다. 긴박함이 가득한 얼굴이었다. 사실 이날의 만남은 내용도 내용이지만 성사된 경위가 흥미로워 더 기억에 남는다. 인연에 인연이 겹쳐 우발적인 듯 자연스럽게 이루어졌다.

데일리메일이라는 영국 신문이 있다. 주로 흥미성 소식을 다뤄 국내에도 자주 인용되는 매체다. 영국 로더미어 자작이 사주인데, 부인이 한국계로 나와 친분이 있었다. 나는 그녀에게 블레어를 인터뷰할 수 있게 다리를 놔달라고 여러 차례 청했다. 자작부인도 흔쾌히 약속했는데 갑작스레 로더미어 자작이 세상을 떠났다. 그의 죽음을 애도하면서, 마음 한구석으론 인터뷰가 물 건너갔다고 생각했다.

부인은 사별 후 반년 가까이 우울증에 시달렸다. 안타까웠다. 치료차 한국에 들어왔다는 얘길 듣고 저녁 식사에 초대했다. 인터뷰 생각은 아예 접었기에 화제로 올리지도 않았다. 식사 자리에서 부인이 블레어 총리 얘기를 꺼냈지만, 진지하게 듣지 않았다. 그런데 영국으로 돌아간 부인이 인터뷰 성사 소식을 전해왔다. 전 세계가 코소보 사태로 떠들썩할 때 영국 총리를 만나는 행운을 얻은 셈이다. 인터뷰 시점으로 보면 오히려 전화위복이었다.

인연은 여기에서 끝나지 않았다. 한참 시간이 흐른 후 내가 주미 대사로 있을 때 일이다. 주미 영국 대사관에서 총리 부인 셰리 블레어가 나를 만나고 싶어 한다고 전해왔다. 곰곰이 생각하니 이건희 회장 때문일 것 같았다. 당시 런던과 파리는 2012년 올림픽 유치 경쟁 중이었다. 토니 블레어와 인터뷰했던 내가 IOC 위원인 이건희 회장과 가까운 관계임을 알고 한 표를 부탁하려는 게 분명했다.

워싱턴 D.C. 한국 대사관에서 만난 셰리 여사는 친구인 로더미어 자작부인의 안부를 시작으로 한국 방문 시 김대중 대통령을 만난 인연 등을 길게 얘기했다. 30분 정도 함께 시간을 보냈으나 한 표 부탁한다는 말은 한마디도 꺼내지 않았다. 셰리 블레어가 돌아간 후 주미 영국 대사가 감사의 전화를 걸어왔다. 역시 올림픽 이야기는 없었다. 만남 자체만으로도 이미 원하는 바를 충분히 알렸기 때문이다.

원하는 게 있을 때 하수들은 속셈을 다 드러내며 말한다. 에둘러 말하기보다 직언이 필요한 때도 있으나, 정말 수준 높은 대화는 말하지 않고도 뜻을 전달하는 것이다. 말없음이 큰소리를 이긴다. 서로 마음을 헤아리려는 태도, 상황을 두루 살피는 감각, 함께 이익을 찾고자 하는 마음만 있다면 충분하다. 만약 직접 말하지 않았다고 상대방이 알아듣지 못한다면 인연은 더 이어지지 않을 것이다. 상대가 알아들었다면 그것으로 이미 목적은 달성한 것이다.

블레어 부부와의 만남은 두고두고 기억에 남았다. 개인적 인연이 이어진 데다가 어떤 대화가 품위 있게 상대를 움직이는지 잘 보여줬기 때문이다. 굳이 다 말하지 않아도 언제 어디서 어떻게 만나는가 하는 형식만으로도 메시지를 전달할 수 있다. 원하는 걸 다 말하지 않았는데, 뜻이 통한 상대라면 분명 좋은 인연을 이어갈 수 있다.

  좋은 대화는 우리 삶의 성공과 행복에 큰 영향을 미친다. 유연한 사고와 온화한 태도로 상대 마음이 상하지 않게 말하는 법을 익히고, 상대가 편안히 자기 이야기를 할 수 있도록 경청하는 태도도 갖춰야 한다. 그래야 대화가 깊어진다. 고수의 우아한 대화법까지 익힌다면 인생의 무기를 하나 더 획득하는 셈이다. 파리와 런던이 경쟁했던 2012년 올림픽 개최지는 런던으로 결정됐다.

토론과 말싸움은 다르다

 토론과 말싸움은 비슷하지만 다르다. 토론은 합의를 목적으로 하지만, 말싸움은 승리를 목표로 한다. 민주주의 정치는 서로 다른 이들이 대화를 통해 타협하고 양보하면서 결론을 내고, 전체가 공유할 수 있는 정책을 만드는 일의 반복이다. 특히 선출된 국회의원이 자기편의 승리를 고집하며 상대를 정치판에서 박멸하려는 시도는 있을 수 없다. 그 자리에 있는 사람은 좋든 싫든 국민 누군가를 대표한다. 국민은 의원을 쫓아낼 수 있으나, 국회는 국민을 몰아내지 못한다. 우리 국민의 균형감각은 놀라워서 여든 야든 오만에 사로잡혀 불통을 일삼고 타협 없이 발목만 잡으면, 다음 선거에서 반드시 심판당했다. 특히 집권 여당이 주의해야 한다.

　인생을 살아가는 데 있어서 말싸움만큼 부질없는 게 없다. 말싸움을 해본 사람은 알 것이다. 싸움이 끝나고 나면 결국 이긴 사람은 아무도 없다. 지면 져서 기분이 상하고, 이겨도 찜찜하다. 이기기 위해서 상대방의 말꼬리와 결점을 붙잡고 늘어지던 모습, 설득하기보다는 윽박지르고 큰소리로 위압하던 제 모습에 머쓱해진다. 누군가를 눌러주었다는 생각에 으스댈 수는 있으나, 그건 잠깐이고 으스댐은 후에 화를 부르기도 한다. 물론 토론은 이와 다르다.

　미국 유학 시절, 그리고 이후 해외 리더들과 교류하면서 인상적인 부분 중 하나가 그들의 토론 문화였다. 권위 의식 없이 계급장 떼고 토론하는 문화는 기본이고, 논쟁할 땐 아주 신랄하지만 "존경하는 의원님"이라 칭하며 매너와 선을 지켰다. 그 모습을 지켜보면서 그동안 '내가 너무 거칠고 쓸데없이 공격적이었구나' 하고 반성할 때가 많았다. 일류는 논쟁해도 서로 존중하지, 멱살 잡고 싸우지는 않는다. 각자 자기 세계가 있지만, 다른 관점과 다른 세계도 인정하는 게 일류의 토론, 일류의 지성이다. 공론장에서 트집 잡기와 막말로 일관해도 전투력이나 선명성으로 인정돼 자기 진영에게 환호받는 작금의 정치 현실이 안타까울 뿐이다. 그건 일류의 토론이 아니라 이류의 편싸움이다.

우리 사회가 토론이 잘 안 되는 데는 정치의 책임이 크다. 정당정치가 제대로 뿌리내리지 못하고, 최종 권력자 1인이 모든 걸 결정하는 구조라서 정치가들이 자기 철학에 입각해 토론하는 훈련이 매우 부족하다. 거슬러 올라가면 조선시대부터 '최선'만을 따지고, 각자가 갖고 있는 게 최선이라고 생각하는 문화가 있다. 대화와 타협 없는 정치의 종착역이 어딘가를 잘 보여주는 것이 조선조 당쟁의 역사다. 나만이 최선이고 유일한 진리를 안다는 오만 속에 관념 투쟁에 매진했다. 그 탓에 실사구시를 추구하는 경세가들은 힘을 잃었고, 외세가 밀려들자 나라의 운명이 위태로워졌다. 타협을 전제로 하는 토론과 대화가 아니라, 진리를 독점하려는 투쟁과 싸움이 될 때 흔히 벌어지는 일이다.

모든 일에 정답이 있고, 내가 그 정답을 안다고 생각하는 태도가 문제다. 이는 토론 문화를 방해할 뿐 아니라 세상사에서도 가장 경계해야 할 태도다. 각자가 내가 정답이라고 생각하니 내 답도, 네 답도 옳을 수 있다는 타협이나 양보가 안 된다. 인생은 과학과 다르다. 과학에는 주어진 조건에 따른 정답이 있다. 과학자들은 그 정답을 찾아내는 일에 매진한다. 그러나 현실의 문제들은 다르다. 같은 문제라도 처한 자리에 따라 다르게 보인다. 정답은 있을 수 없고, 최선이 아니라면 차선, 차선이 아니면 차악을 택하며 최악을 피하는 것이 최선이다.

현명한 사람은 자기 관점은 있지만, 고정된 답은 없는 사람이다. 자기 답이 정해진 사람은 문제가 달라졌는데도 늘 외운 답을 쓴다. 우리 정치인들이 급변하는 현안을 깊이 있게 다루지 못하는 주된 원인도 여기 있다. 이미 답을 갖고 있어서 상황이 달라졌는데도 매번 똑같은 답을 쓰는 것이다. 살아갈 때 무엇보다 경계해야 할 태도다. 나는 이를 서예를 하면서 깨달았다.

서예 공부를 하던 어느 날, 글씨가 늘지 않아 고민이라고 선생님한테 털어놓았다. 그러자 선생님은 "그 정도면 아주 빨리 느는 편"이라며 "글씨를 배우면서 고집을 부리는 이들이 많은데, 고집을 피우지 않아서 다행"이라고 격려해 주었다. 유연함이 학습과 성장에 중요하다는 얘기다. 만약 내가 또래보다 유연함이 있다면 그건 리버럴 운동이 극에 달했던 1970년대 미국에서 20~30대를 보낸 것, 그리고 어린 시절 가풍 때문이 아닐까 한다.

젊은 시절 히피 운동의 본산이었던 미국 캘리포니아에서 보낸 시간은 내게 자유에 대한 강한 믿음과 열린 태도를 품게 했다. 미국 친구들과 교류하면서 나는 서로 자유를 존중하며 내 취향을 남에게 강요하지 않는 법, 내 생각이 틀렸다고 느낄 때 기꺼이 생각을 버리는 태도를 배웠다. 전공인 과학과 경제학 공부도 도움이 됐다. 가설과 증명으로 이뤄진 학문을 통해 지식은 늘 새롭게 드러난 사실 앞에서 다시 쓰여야 하며, 나만의 정답에 사로잡히는 게 얼마나 어리석은지 깨달았다.

달라이 라마의 말도 내 태도에 영향을 끼쳤다. 그는 과학에서 불법을 부정하는 부분이 나온다면 경전을 바꿔야 한다고 말하곤 했다. 달라이 라마는 1980년대부터 불교학자, 뇌과학자, 물리학자 등이 참여하는 '종교와 과학의 만남'을 위한 장을 꾸준히 열어왔다. 그가 모임을 만들고 뇌과학자와 토론하고 싶어 하자 한 미국인 불교도가 "조심하세요. 과학은 종교를 살해합니다"라고 만류한 일이 있었다. 그러나 그 말을 듣는 순간 달라이 라마의 마음속엔 "내 말을 나에 대한 귀의나 믿음을 이유로 받아들이지 말고, 철저히 조사하고 실험해 본 다음에 받아들여라" 하는 산스크리트어 불경 속 부처님 말씀이 떠올랐다고 한다. 달라이 라마는 이렇게 밝혔다. "과학과 불교는 세계를 더 잘 이해할 수 있도록 도와주고 휴머니즘에 봉사한다는 공동의 목표를 갖고 있다."

자식과 토론하는 일, 그것도 시대를 앞서 계급장 떼고 하는 토론을 즐기시던 선친은 부모의 권위를 특별히 내세우지 않으셨다. 이야기를 나누다가 자식의 의견이 맞다면 기꺼이 받아들이곤 하셨다. 그 덕택에 '그건 아버지 생각이 틀렸습니다'라고 주저 없이 말할 수 있었다. 이건희 회장이 처음 우리 집에 찾아와서 이렇게 자유로운 분위기라니 하고 깜짝 놀랐을 정도다. 이런 집안 분위기 속에서 내가 배운 것은 진리에 이르는 길이 하나가 아니고, 영원히 변하지 않는 정해진 답은 없다는 거였다.

자기만의 독특한 관점을 기르되, 그걸 잠정적 진실로 여길 뿐 유일한 진리로 고집하지 않는 게 지혜의 원천이다. 그래야 언제든 다른 사람의 생각을 받아들이면서 끊임없이 새로 배울 수 있다. 반면, 세상사에 정해진 답이 있다고 생각하는 사람은 시절이 바뀌거나 새로운 사실이 드러나 답이 달라졌는데도 본래 자신이 아는 답만 고집한다. 오작동하는 구형 로봇처럼 말이다. 이런 사람을 세상은 꼰대라고 부른다. 그들은 자신이 꼰대인 줄 모르니 목소리만 커진다.

나도 이제는 할아버지가 되어 집에서 손주들과 토론을 즐기곤 한다. 얼마 전 가족 식사 자리에서 아들과 내가 토론하는데 손주 녀석이 끼어들었다. 권위에 주눅 들지 않고 자기 의견을 소신껏 말하는 모습이 딱 요즘 세대다웠다. 대견하고 흐뭇했다. 어른과 아이도 토론하는 시간만큼은 대등한 관계여야 한다. 어른에게 예의는 갖춰야 하지만 아이도 거침없이 자기 생각을 말할 수 있어야 하고, 동등한 의견으로 존중받아야 한다. 우리나라는 근대에 들어서 군사·서열 문화의 영향으로 한두 살만 많아도 "너 몇 살이야" 하며 위아래를 따지곤 한다. 그러나 조선시대까지만 해도 학문이나 인격, 집안이 비슷하면 열

살 차이까지는 '벗'이 될 수 있었다. 서로 '~하게' 또는 '~하시게' 체를 쓰면서 나이 차이를 뛰어넘어서 존중하며 서로 동등하게 의견을 주고받았다.

◆ ◆ ◆

지금 한국 사회의 가장 큰 문제가 무엇이냐 묻는다면, 상대를 인정하지 않는 진영논리와 이에 따른 양극단화라고 답할 사람이 많을 것이다. 진영논리로 사는 사람은 고정관념에 맞는 것만 받아들인다. 이들은 고정관념을 고집하고 강화하며, 고정관념의 노예로 산다. 나와 다른 사람을 인정하지 않을 뿐 아니라 아예 상대 진영을 악마화하고 쉽게 '적폐'라고 부른다. 나는 선이고 상대는 악이다. 나는 정의고 남은 불의다. 남의 잘못은 용서 못 해도 우리 편 잘못은 봐 줄 수 있다. 상대와 타협하는 것은 정의의 포기이고 투항이다. 이런 식으로는 공존도, 상생도, 미래도, 전진도 없다. 개인적으로 만나 보면, 이런 문제를 진보도, 보수도 모두 걱정하는데, 왜 현실은 나아지지 않는지 모를 일이다.

이제 대한민국은 1인당 국민 소득 3만 달러 시대, 세계 10위권 경제 강국이다. 예전에는 우리보다 앞선 나라를 쫓는 빠른 추격자 전략으로 살아왔다면, 이제는 앞선 이들의 꽁무니만 보며 달릴 수 없는 단계에 접어들었다. 등산으로 치면 에베레스트 8부 능선에 오른 셈이다. 힘겹기는 해도 8부 능선까지는 많이 올라간다. 앞사람들이 다진 등산로와 베이스캠프 등을 이용하기 때문이다. 문제는 그다음이다. 그 이상 높이 오르려면 이전과는 완전히 다른 대비가 필요하다.

세계 경제 11~12위권의 선진국에서 7~8위권 국가로 한 번 더 도약하려는 우리도 딱 그렇다. 8부 능선이 아니라 정상에 오르기 위한 새로운 전략이 필요하다. 그중 하나가 나와 다른 상대를 인정하고 존중하는 태도일 것이다. 내 생각과 달라도, 혹은 최선이 아니라 차선이라도 함께 손잡고 같이 올라갈 수 있다면 그 길로 가야 한다. 이는 '다투되 싸우지 않는다'는 원효의 '화쟁(和諍)' 정신 또는 나보다 공동체를 우선하는 '공화주의' 정신과 같다. 구동존이(求同存異), '공통점은 구하고 차이점은 놔둔다'라는 중국인들의 협상 전략도 같은 맥락에 있다.

만약 이런 새로운 전략을 구사하지 못한다면, 3만 달러 경제는 언제라도 2만 달러 시대로 주저앉을 수 있다. 중진국 함정에 빠진 수많은 국가가 그랬다. 8부 능선에 시시포스의 돌이 박혀 있다. 언제든 도로아미타불이 될 수 있다는 경계의 마음이 모두에게 필요한 시기다.

토론할 줄 모르는 사회란 각기 다른 이들이 서로를 존중하지 않는 사회, 공존하고 상생하지 않는 사회, 실제 문제를 해결하고 앞으로 갈 수 없는 사회다. 각자 자기만의 가치를 추구하되, 타자의 가치도 존중하고 수용하면서 조화를 이루는 회통(會通)의 세계를 열어야 한다. 그래야 우리 사회의 질적 도약이 가능하다. 시간이 많지 않다.

마음과 습관을 고쳐야
인생이 바뀐다

 타고나길 예민하고 깔끔한 성정 때문에 겪지 않아야 할 고초를 많이 겪었다. 타고난 성정을 유교에서는 '기질'이라고 하고, 불가에서는 '습(習)'이라고 한다. 따라서 마음공부의 내용이 유교에서는 기질을 바꾸는 일이고, 불가에서는 습을 고치는 일이 된다. 마음과 몸의 습관을 좋은 쪽으로 바꾸어 가면 기질이 저절로 개선되어 인격이 고매해지고 주변 사람들도 알아볼 수 있는 경지에 오른다. 심지어 운명도 바꿀 수 있다.
 내가 좋아하는 책 중에 『요범사훈』이라는 책이 있다. 명나라 유학자인 원황이 자식을 위해서 남긴 책이다. 어릴 때 아버지를 여읜 원황은 먹고살려고 의학 공부에 몰두했다. 그러던 어느 날 공 선생이라는 사람을 만난다. 공 선생은 원황에게 학문에 매진하면 과거에 급제할 것이고, 나중에 사천성 대윤이 되었다가, 쉰세 살에 죽음에 이르리라고 예언한다. 신기하게도 공 선생의 예언은 들어맞아 원황은 관직에 오른다. 그러자 원황은 운명이 정해져 있음을 믿고, 나이 들어갈수록 죽을 날만 떠올리면서 아무 노력도 안 하기 시작했다.

그러나 원황은 정말 운이 좋은 사람이었다. 다른 인연을 만난 것이다. 되는대로 살던 원황은 서른일곱 살 때 운곡 선사를 만났다. 선사는 그를 크게 꾸짖으면서 운명을 바꾸는 비법을 전했다. 운곡은 원황에게 운을 바꾸려면 습관을 바꾸어야 하고, 남에게 공덕을 많이 베풀어야 한다고 말했다. 이 말을 들은 원황은 마음을 맑게 하려 애쓰고, 행동을 바꾸려 노력했다. 또한 3000번 공덕을 쌓아서 운명을 고치는 일에 힘썼다. 그의 선한 실천이 쌓이면서 운명이 바뀌었고, 이후 공 선생의 예언도 좋은 쪽으로 틀리기 시작했다. 마침내 그는 팔자에 없던 자식도 얻고, 타고난 수명인 쉰세 살을 넘어 일흔네 살까지 살았다. 나는 살아가면서 이 책의 교훈을 새기며 주변에 선물로 많이 나누었다.

사람은 모두 자기 성적표대로 산다. 나 같은 불교도들에게 인간 운명은 과거 세계의 성적표다. 굳이 불교도가 아니더라도 '심은 대로 거두는' 게 인생이다. 살다 보면 이를 실증적으로 경험하곤 한다. 살면서 말과 행동으로 심은 대로, 뿌린 대로 결과를 얻는다. 그래서 인과응보란 말이 생겼다.

◆ ◆ ◆

사람에게는 태어나면서부터 정해진, 자기가 어떻게 해볼 수 없는 조건들이 있다. 하필 이 시대에, 하필 이 집안에, 하필 남자나 여자로, 하필 이 몸으로 이 환경에 태어나는 것은 내 의지나 노력과는 아무 상관없는 일이다. 아무리 후천적 환경이 중요해도 타고난 것을 부정할 길은 없다. 같은 형제라도 소질, 외모 등 갖고 태어나는 것이 다르다. 말콤 글래드웰의 책 『아웃라이어』에도 나오는 이야기이지만, 빌 게이츠나 스티브 잡스 같은 거부들이 나오는 세대가 있다. 그들이 거부가 된 건 개인 재능이나 노력도 있지만, 바로 그 시대에 태어났기 때문이다.

그렇다면 사람은 정해진 운명대로 살아야 하는가. 운명은 바꿀 수 없는 것인가. 그렇지는 않다. 운명을 바꾸는 길은 있다. 그것은 바로 습관을 바꾸는 것이다. 어찌 보면 습관이 곧 운명이라고도 할 수 있다.

습관이란, 어떤 패턴이 너무 굳어서 자기가 원하지 않는데도 그리로 가는 걸 말한다. 평소 습관대로 자신을 기방으로 이끈 애마의 목을 쳤다는 화랑 김유신의 유명한 일화처럼 말이다.

습관을 바꾸면 제일 먼저 달라지는 게 만나는 사람들이다. 아침에 일찍 일어나서 조기 축구회를 가면, 열심히 운동하는 부지런한 사람들을 만난다. 밤마다 술집을 가면 놀기 좋아하는 향락적인 사람들을 만난다. 유유상종, 끼리끼리가 되는 것이다. 만나는 사람들이 바뀌면 자연스레 인생의 방향이 바뀐다. 습관을 바꾸면 인연이 바뀌고, 인연이 바뀌면 운명이 바뀐다. 그러니까 습관이란 자기가 갖고 있는 컨트롤 베어링이라고 할까. 내가 내 운명 앞에서 할 수 있는 일은 습관을 바꾸는 일밖에 없다고 말할 수 있다.

그런데 습관을 바꾸어 운명을 바꾸는 건 말처럼 쉽지 않다. 오죽하면 작심삼일이라는 말이 있을까. 나와의 싸움도 달리 말하면 습관과의 싸움이다. 내 몸에 나쁜 걸 알지만 거기에 끌리고, 내 몸에 좋은 걸 알지만 그 일은 하기 싫은 게 인간이다. 힌두교 3대 경전의 하나인 바가바드기타에도 나온다. "내가 좋은 거 다 안다. 그런데 하기 싫다. 이게 나쁜 짓인 줄 아는데 이걸 안 하면 재미가 없다." 그러나 몸에 좋은 약은 입에 쓴 법이다.

담배 피우는 사람은 옆에서 폐암으로 죽어가는 사람이 생겨도 담배를 끊지 못하고, 술 마시는 사람은 알코올 중독으로 패가망신하는 경우를 보고서도 술을 마신다. 도박하는 사람은 말할 것도 없다. 처음에야 우발적으로 시작한 것이겠지만, 일단 인이 박이면 벗어나지 못한 채 그 운명을 살게 된다. 망가져

가는 자신을 보면서도 체념하면서 그것을 숙명으로 받아들인다. 사람들 대부분이 어렸을 때, 또는 청년 시절 생긴 습관대로 평생을 살아간다. '이렇게 살고 싶지 않다'라고 몇 번이고 되뇌면서도 좀처럼 그 길을 벗어나지 못한다.

  나쁜 습관을 고치지 못하는 것은 어떤 패턴이 굳어 내가 원하지 않는 삶을 사는 것이다. 불행한 일이다. 지금 내 삶이 불만인가. 내 운명이 원망스럽고, 운명을 바꾸고 싶은가. 그러면 습관을 바꿔라. 아침에 나서며 오늘 하루를 어떻게 살지 다짐하고, 집에 돌아와 하루를 반성하며 습관의 성적표를 매겨보자. 조금씩 점수를 높여갈 때, 서서히 운명도 바뀐다. 참고로 불가에서는 상대에게 아낌없이, 조건 없이 베푸는 '적선'이야말로 운명을 바꾸는 최고의 습관이라 말한다.

절대로 부정적인
생각을 하지 말라

2001년 아내와 함께 달라이 라마를 뵐 기회가 생겼다. 세계 신문협회 총회가 인도에서 열렸을 때였다. 불교 신자로서 일본 주재 티베트 대사를 통해서 얼마간 그의 사업에 봉헌한 덕분이었다. 인도에 오면 연락을 꼭 달라고 해서 부부가 함께 델리의 사무실로 찾아가 뵙게 되었다.

간단한 인사를 나눈 뒤 달라이 라마 존자께서 나의 봉헌에 감사의 말씀을 하셨다. 그러더니 "허락한다면 행정비용으로 쓰려 하는데 괜찮으시냐"고 물었다. 비종교적인 용도로 사용하는 것에 양해를 구한 것이다. 애초 기부할 때 용처를 정하지 않은 돈이었고, 어찌 쓰더라도 나는 모를 일이었다. 사소한 것

하나까지 놓치지 않는 정확하고 철저한 그의 태도에 고개가 수그러졌다.

접견 말미 달라이 라마의 비서실장이 "특별히 물어볼 것이 있으면 물어보셔도 됩니다"라고 말했다. 오래 불심을 가져온 나였지만, 갑작스레 질문을 하라고 하니 무엇을 물어야 할지 선뜻 떠오르지 않았다. 당황스러웠다. 할 수 없이 질문 대신에 "제게 필요한 얘기가 있으면 한말씀 부탁드립니다"라고 청했다.

무슨 말씀을 하실까. 긴장과 기대가 엇갈렸다. 부부가 동시에 등을 곧추세웠다. 그런데 막상 달라이 라마의 말씀은 너무나 평범했다. "절대로 부정적 생각을 하지 마십시오."

얼마나 고대하던 기회인데 이를 날려버린 듯 후회가 몰려왔다. 적어도 평소 궁금했던 "생사가 있습니까?" 정도는 물었어야 하는 거 아닐까. 아니나 다를까 한국에 돌아오니 달라이 라마를 만나 겨우 그 말을 듣고 왔느냐는 핀잔이 쏟아졌다. 속이 쓰렸다. 그러나 돌이켜 생각하니 진리는 언제나 평범했다. 인생에서 가장 좋은 말은 한 줄이면 충분하다.

성철 스님은 "산은 산, 물은 물"이라고 부처의 도를 압축했고, 공자는 "자기를 이기고 예로 돌아가라"는 한 문장으로 인간의 도리를 꿰뚫었다. 번잡하면 되새길 수 없고, 되새길 수 없으면 인생의 화두가 될 수 없다. 날이 갈수록 달라이 라마가 내게 해준 한마디가 얼마나 소중한지 깨닫는다. 아니, 그 말이 내게 가장 필요한 말이었다. 남을 공격하고 아프게 하는 마음, 더 많이 가지고 더 높이 오르려는 욕심, 질투심, 독한 말들. 이런 게 다 부정적인 생각일 터였다. 달라이 라마 말씀은 내 안에서 이런 것들을 몰아내라는 얘기였다.

한 명상록에서 달라이 라마는 말했다. "당신이 다른 사람을 증오하고 원망하면, 다른 사람도 당신에게 똑같이 부정적인 감정을 느낍니다. 의심과 두려움은 당신과 다른 사람 사이에 벽을 쌓게 만듭니다. 이 때문에 당신이 외롭고 쓸쓸한 것입니다." 내게 준 조언과 비슷했다.

내가 타인에게 상처를 주면, 타인도 나에게 상처를 준다. 내가 다른 사람을 적대시하면, 다른 사람도 나를 적으로 삼는다. 그러면 삶 전체가 적으로 둘러싸이고, 세상이 어둡게 느껴진다. 이것은 우리가 본래 타고난 마음이 아니다. 모두 욕심과 집착이 만들어 낸 환각이다. 이러한 미망에 사로잡히면 좋게 이루어질 일도 순식간에 엎어져 버린다. 심지어 말로 쏟아내지 않고 '이 나쁜 놈아'라는 생각을 속에 품는 것만으로도 부정적 에너지가 발산된다. 마음에 담은 부정적인 생각은 결국 자기를 해친다. 달라이 라마는 지혜의 눈으로 짧은 순간 나를 관찰하고, 내 인생에 가장 힘이 되는 한마디를 해준 것이다.

달라이 라마와의 만남 이후 너무도 평범하게 보이는 이 말씀이 나의 좌우명이 되었다. 그로부터 10여 년이 흐른 어느 날 달라이 라마 책을 읽다가 1987년 캘리포니아 산호세에서 하신 연설에서 같은 구절을 발견했다. 존자께서 자신의 내면을 정화하는 좌우명으로 이 구절을 꼽은 것이다. 성자도 늘 마음에 두는, 당신의 좌우명을 내게 주신 것이니 더욱 가슴에 새기게 됐다. 평범하지만 행하기 어렵고, 그래서 평범하지만은 않은 말씀이다.

그 이후 부정적 생각을 품지 말라는 말을 자주 일상의 화두로 삼았다. 부정적 생각과 긍정적 생각을 분별해서 분노의 불꽃을 꺼뜨릴 수 있다면, 분명히 내 마음은 평화로울 것이다. 내 삶도 질시와 의심 속에서 헛되이 불타오르지 않을 것이다. 마음의 불이 꺼질 때 거기에 길이 열린다. 어떤 상황에서든 가능한 한 밝게 보고 유쾌하게 살려 하고, 남에 대한 공격적 생각, 부정적 생각을 없애는 것을 마음공부의 핵심으로 삼았다. 어찌 보면 작은 인연을 씨앗 삼아 달라이 라마는 내 마음에 행복의 큰 기둥을 세워준 셈이다. 몰라서 인생을 바꿀 수 없는 것이 아니라 꾸준히 행하지 못해서 삶을 변화시킬 수 없음이 안타깝다.

부정적 생각을 몰아내기 위해 매일 애쓰는 것이 하나 있다. 화나는 일이 있더라도, 겉으로 드러내지 않고 속으로 삭이면서 분노가 가라앉을 때까지 참았다가 말하는 것이다. 한순간의 화는 오래도록 쌓은 복을 무너뜨린다. 불교에서는 일천 겁 쌓아 올린 보시와 선행이 단 한 번의 화로도 무너질 수 있다고 말한다. 증오하고 화내는 것만큼 악한 것이 없고, 인내만큼 견디기 힘든 고행이 없다고도 했다. 화를 참는다는 건 악에서 벗어날 수 있는 좋은 방법이면서 동시에 가장 어려운 수행이다.

사실 화를 내봤자 별 소득이 없다. 내가 잘 아는 일이라면 화를 내는 것보다 지혜로운 대책을 세우고 실천을 통해 문제를 해결하는 편이 낫다. 내가 잘 모르거나 어쩔 수 없는 일이라면 화를 내도 바뀌는 것은 하나도 없다. 또 지나간 일들은 이미 지나갔으므로 바꿀 수 없고, 앞으로 올 일은 아직 오지 않았으므로 어쩔 수 없다. 화를 내봐야 증오만 퍼뜨릴 뿐 아무 해결책도 생기지 않는다. 화에 휘둘려 속수무책으로 분노의 나날을 보내기보다 마음의 평온을 유지하면서 지혜를 발휘하는 편이 더 낫다.

우리는 '참는 일'에 익숙해져야 한다. 자꾸 견디다 보면 화를 참는 일도 조금은 쉬워진다. 작은 재해에 익숙해짐으로써 큰 재해를 견딘다는 말이 있다. 짜증 날 만한 일이야 날마다 생기니, 이를 잘 참아내면 평생의 선업을 무너뜨릴 큰 화도 피할 수 있지 않겠는가.

내게 가장 후회되는 일을 묻는다면, 더 젊었을 때 좋은 화두를 받아서 명상을 더 많이 하지 못한 것이다. 혈기를 누르지 못해 저지른 실수가 너무 많았다. 젊은 날에 요즘처럼 마음 수양을 했다면, 적잖은 잘못을 비껴갈 수 있었을 것이다. 상대방의 마음에 꽂힌 화살의 수가 훨씬 적었을 것이다.

뒤늦게나마 '참을 인' 자를 마음에 새기니 부정적인 마음을 참아낼 때마다 영혼이 맑아지며 기쁨이 차오르는 걸 느낀다. 참는 기쁨은 인간을 위대하게 한다. 마음에 부정적인 생각이 몰려올 때, 시기와 미움으로 누군가를 공격하고 싶을 때, 남을 원망하고 싶을 때 '참을 인' 자를 먼저 마음에 새겨 보라. 그리고 인도 고승인 산티데바의 노래를 따라 불러 보라. 화가 스르르 가라앉을 것이다.

모욕적인 말과 모진 말
기분을 나쁘게 하는 말은
(나의) 몸에 해를 끼칠 수 없는데
마음이여, 너는 왜 그리 화를 내는가?

인생 문제는
인간이 성숙해야 풀린다

"문제는 풀리는 게 아니고 사라져야 한다."

언어철학자 비트겐슈타인의 말이다. 비트겐슈타인의 수많은 명언 중에서 나는 이 말을 가장 좋아한다. 비트겐슈타인은 서른셋 젊은 나이에 책 『논리철학 논고』를 써서 삶의 온갖 문제에 대해 그동안 철학이 답해 온 것은 모두 근거가 없음을 밝혔다. 그리고 철학에 남은 것은 상황에 따라 끝없이 변하는 언어의 의미를 따지는 '언어 게임'뿐이라고 선언했다.

청년 시절 이 책을 읽었을 때, 나는 여기에서 언어 철학이 아니라 일종의 인생 지침 같은 걸 발견한 느낌을 받았다. 특히 "문제는 풀리는 게 아니고 사라져야 한다"라는 문장이 그랬다.

살아가면서 얼마나 많은 문제가 우리 앞에 놓이는가. 그 문제에 일일이 답해 가다 보면 어느 순간 깨닫는다. 하나의 문제 뒤에는 또다시 더 어려운 문제가 기다리고 있다는 것을. 그러다 '내가 왜 이런 질문을 했지'라고 자문하는 순간이 오면, 비로소 문제 해결의 실마리를 얻는다. 문제 자체가 왜 문제인지를 따지는 메타적 사고가 가능할 때 그 질문이 진정으로 해결되듯, 인생의 문제들 역시 대답을 찾아서가 아니라 더 이상 문제로 느껴지지 않는 순간이 와야 비로소 마음에서 사라진다.

사람은 왜 사는가, 왜 사람은 태어나고 죽는가, 신이 있는데 왜 악이 있는가, 삶의 의미는 무엇인가. 누구나 한 번쯤 해보는 근원적 질문들이다. 나 역시 이런 문제에 대한 답을 구하고자 했으나 쉽지 않았다. 그러다 어느 순간 깨달았다. 이런 크고 본질적 질문에는 답이 없다. 오직 그냥 살아갈 뿐이다. '나는 왜 세상에 태어났을까'라고 아무리 물어도 답이 없다. 차라리 하루라도 열심히 잘 사는 게 답이다.

질문에서 놓여날 때 문제는 사라진다. 그러니까 문제는 해결되는 게 아니라 사라지는 것이다. 실제 스님들을 만나 뵈면 '왜'라는 질문에 좀처럼 답을 안 한다. "사람은 왜 사느냐"고 묻는데 "그냥 사는 거"라고 답할 뿐이다. 도리어 "토끼가 거북이가 왜냐고 묻더냐" 하고 반문한다. 처음엔 이런 대답이 답답했으나 이제는 그 깊은 뜻을 이해한다. '왜'라는 질문을 던지기 전에 자기가 해야 할 숙제를 다 하고 오라는 의미로도 이해한다.

◆ ◈ ◆

그런데 세상엔 모든 문제에, 모든 질문에 답이 있다고 말하는 사람들이 있다. 그것도 즉각적으로 답이 나온다. 내 기준에선 모두 사이비들이다. 특히, 정치 쪽에 그런 사람들이 많은데, 그 용맹함에 존경스러움이 들 정도다.

신화학자인 조지프 캠벨이 유명한 말을 했다. "당신은 계획한 삶을 살기보다는 아마도 당신을 기다리고 있는 삶을 살게 될 것이다." 어찌 보면 굉장히 운명론적인 말 같은데, 실제 그 뜻은 인생엔 정답이 없다는 얘기다. 물론 '세상에는 답이 없다'라는 나 같은 사람들 주의는 선명하지 않으니, 큰 인기가 없다.

그러나 다시 생각해 보자. 모든 인생 문제에 답이 있는가? 모든 인생 문제가 해결되는가? 사실, 인생 문제가 문제로 느껴지지 않는 것은 답을 찾아서가 아니라 사람이 '성숙해져서'이다. 아이들은 사탕 하나를 먹기 위해 어른들 앞에서 재롱을 떨면서 안간힘을 쓴다. 그 순간 아이의 인생 문제는 오직 '사탕 하나를 어떻게 먹을까'이다. 그러나 조금 나이가 들고 성숙해지면 사탕보다 더 좋은 것이 있다는 것을 알게 된다. 눈앞의 욕구를 참을 때 나중에 더 큰 기쁨과 성취를 얻을 수 있다는 것도 깨닫는다. 그러고 나면 아무리 사탕을 흔들어도 신경 쓰지 않는다. 인생 문제가 다음 단계로 올라서는 것이다.

이후에 아이들은 어떻게 친구와 우정을 나눌까, 어떻게 하면 좋은 성적을 올릴까를 고민한다. 그다음엔 어떻게 연인과 사랑할까, 어떻게 높은 자리에 오르고, 더 많은 돈을 벌까, 이런 문제를 고민한다. 때로는 죽음이란 무엇인가 같은 평생 탐구해도 답을 얻기 힘든 높은 수준의 문제에도 부닥친다. 나이 들어도 여전히 사탕은 달콤해서 심신이 피곤할 때 잠깐의 행복을 주지만, 인생에서 '어떻게 사탕을 먹을까'라는 질문은 더 이상 문젯거리로 느껴지지 않는다. 이처럼 대다수 인생 문제는 인간이 성숙해지면 스스로 사라진다. 아무리 큰 문제도 숱한 모색 끝에 더 큰 성취를 얻어서 한 단계 높은 경지에 이르면 저절로 해결된다. 성숙해질 때, 혹은 수양을 많이 해서 깨달음을 얻을 때, 신앙이 깊어질 때 문제는 비로소 사라진다.

종교를 처음 접하면 보통 '왜'라는 질문을 많이 한다. '왜 전지전능한 하느님은 악마를 만들었나?' '왜 이브가 선악과를 따먹는 걸 하느님은 그대로 뒀나?' '우리는 모두 다 부처라는데, 왜 부처에서 중생이 됐나?' 이런 질문들이다. 그런데 예수도 부처도 '왜'에 대해선 대답을 안 했다. 큰 성자들도 마찬가지다. 유명한 '독화살의 비유'가 있다. 지금 독화살을 맞아서 독을 빼고 치료해야 목숨을 건지는데, 독은 어디서 날아왔으며 누가 쐈으며 성분은 무엇인지 먼저 아는 건 급하지 않다. '병 안에 참새가 들어가 있는데 병도 깨지 말고 참새도 살려라'라는 선문답이 있다. 어차피 그 문제는 안 풀리는 문제다. 그걸 풀려고 하면 골치 아파진다. 차라리 그 문제를 넘어서야 한다. 종교가 깊어지고 수양을 해야 질문 자체가 없어진다.

결국 문제가 사라지려면 성숙해져야 한다는 것이다. 그렇다면 성숙이란 무엇인가. 여러 정의가 있겠지만, 내 생각에 성숙이란 내 삶의 절대적 의존성을 깨닫고 역지사지할 줄 아는 일이다. 내가 있으려면 반드시 남이 있어야 하고, 나만큼이나 남도 소중하니, 남의 입장이 되어서 생각할 수 있는 사람은 성숙하다.

인간은 근본적으로 취약한 존재다. 우리는 태어나면서부터 살아가는 내내 누군가의 도움 없이는 한순간도 버틸 수 없는 무력한 상태로 살아간다. 내 육체의 필요를 채우는 데 있어 온전히 스스로 해결할 수 있는 게 몇이나 되던가. 우리의 이런 취약성은 한편으로 이를 해결하려는 분투로 이어진다. 우리는 부모나 친지의 도움을 받아서 능력을 길러 우리의 근원적 취약성을 극복하려 한다. 그러나 실제로 우리가 성취할 수 있는 것은 의존성에서 벗어나는 것이 아니라 '절대적 의존성'을 '상대적 의존성'으로 바꾸는 것뿐이다. 아무리 자립성을 갖추어도 사회 바깥에서 살 수 없고, 결국 남들과 더불어 살 수밖에 없다. 이것을 인정하는 것이 성숙성이다. '나'로서 살면서 동시에 '남'으로도 사는 것이다.

인류 역사는 끝없이 이 '남'을 확장해 왔다. 나와 똑같이 존중해야 할 남이 가족에서 부족으로, 부족에서 민족으로, 민족에서 마침내 인류 전체로 커지면서, 종교나 피부색이나 국적이나 장애나 성적 취향 등과 관계없이 인간 전체를 포괄하는 수준에 이르렀다. 최근에는 여기에서 한 걸음 더 나아가 동물 같은 온 생명을 인간과 똑같이 대해야 한다는 생명 사상이 빠르게 퍼져 가는 중이다.

언젠가 젊은이들과의 대화에서 "오늘날 리더가 갖춰야 할 가장 큰 덕목이 무엇이라 생각하는가"라는 질문을 받았다. 나는 망설임 없이 "공감 능력"이라고 답했다. 공감 능력은 생각이 '나 자신'에게만 머물러 있을 땐 발휘되지 않는다. 나와 남을 모두 소중히 여기는 성숙성이 결여된 사람에게서는 공감 능력이 절대 나올 수 없다. 공감 능력이 뛰어나면 리더로도, 사업가로도 유리하다. 나를 이해하고 남을 이해하면 내부 조직원과 외부 파트너들을 모두 만족시키는 훌륭한 리더가 될 수 있다. 사업적 성과도 끌어올릴 수 있다.

남의 처지를 나의 처지처럼 받아들이는 공감 능력은 같은 사안을 상대방 입장에서 바라보는 역지사지 능력으로 이어진다. 한국 사회의 큰 문제 중 하나가 역지사지가 안 되는 나이만 많은 '어른애'들이 많다는 점이다. 전쟁에, 혁명에, 근대화에 힘든 시절을 견뎌오며 나만 살기에 급급해 남의 처지를 생각할 여유가 적었기 때문이 아닐까 한다. 그러나 공감하고, 역지사지하고, 다른 사람을 나와 똑같이 귀하게 여기는 성숙한 태도가 없다면 결국 무질서가 찾아오고 누구도 행복할 수 없는 생지옥이 열린다. 예수도 "네 이웃을 네 몸처럼 사랑하라"고 말했다. 이런 공감과 역지사지는 인간관계만의 문제가 아니다. 국가 관계에도 적용된다.

◆ ◆ ◆

일본 총리를 지낸 하토야마 유키오는 스탠퍼드대 동문이다. 나보다 두 살 위인데, 학교 다닐 때는 이름만 알고 지냈으나 사회에 나와서 무척 가깝게 교류했다. 하토야마는 4대째 내로라하는 정치 명문가 출신이다. 2009년 민주당 대표로 총선에서 압승하면서 54년 자민당 체제를 무너뜨려 주목받았다. 흥미로운 것은 1955년 보수 대연합으로 '만년 집권당' 자민당을 만든 사람이 바로 할아버지 하토야마 이치로 총리였다는 점이다.

하토야마 유키오는 '우애의 정치'로 유명하다. 국가 간에도 차이를 인정하고 서로 존중하며 상생하는 공동체적 관계를 지향하고, 자립과 공존의 원리에 기초한 '우애'의 정신으로 동아시아가 화합하고 협력하자고 주장했다. 사실 이 우애의 개념은 할아버지 하토야마의 유산이다. 할아버지 하토야마 총리는 유럽 통합의 주창자로 알려진 쿠덴호베 칼레르기 백작에게 영감을 받아 일본 정치에 우애라는 사상을 끌어들였다. 손자가 그를 이어받아 아시아 통합이라는 꿈을 꾼 것이다.

그를 위해 하토야마 유키오 총리는 서대문형무소 역사관을 찾아가 무릎을 꿇고 사죄했다. 합천의 원폭 피해자 복지회관도 방문해 피해자들에게 사과와 위로의 말을 전했다. "가해자는 피해자가 용서할 때까지 사과해야 한다" 하면서 솔선수범해 우애를 실천한 것이다. 덕분에 그는 한국인이 존경하는 일본인 중 한 사람으로 손꼽힌다. 과거사 문제로 여전히 대립이 끊이지 않는 현재의 한·일 양국을 생각할 때 공감과 역지사지, 우애를 내세웠던 하토야마 같은 성숙한 정치인의 부재가 참으로 아쉽다.

개인의 문제든, 사회의 문제든, 국제 질서의 문제든, 어떤 문제도 수학 문제처럼 정답을 찾으려 해서는 해결되지 않는다. '옳은 답'을 다투면 문제는 갈수록 꼬이고 복잡해진다. 남과 함께 살 수밖에 없는 우리 자신의 근본적 취약성을 깨닫고, 상대방 처지를 헤아리는 성숙함 속에서 문제 자체를 넘어설 때 비로소 우리는 '더 나은 답'에 다가갈 수 있다.

진정한 자유주의자로 사는 법

워싱턴 D.C. 세계은행의 이코노미스트로 일하면서 1980년부터 3년간 매년 석 달 정도는 튀르키예로 출장 나갔다. 우리나라와 튀르키예가 경제 수준이 비슷할 때였다. 그러나 튀르키예의 자연풍광은 압도적이었다. 우리나라에선 본 적 없는 넓고 풍요로운 대지가 끝없이 펼쳐져 있었다. 그 신비한 풍경에 할 말을 잃곤 했다. 연암 박지원이 홍안령을 넘어 만주 벌판을 보았던 그날의 느낌이 나와 같았을까.

뜨겁게 내리쬐는 햇볕 아래로 무화과, 포도 등 각종 과일이 주렁주렁 열리고 양배추는 얼마나 큰지 볼 때마다 입이 벌어졌다. 비좁은 땅덩어리에서 복작대며 살아가는 우리나라와 달리 이런 곳에 살면 얼마나 여유로울까 부럽기도 했다. 실제 풍토에는 인간을 만드는 힘이 있어서 튀르키예 사람들은 우리처럼 아등바등하는 경우가 드물다고 한다. 물론 다 좋고, 다 나쁜 건 없다. 각자의 땅에서 각자의 방식대로 살아가는 것이다. 악착을 떨지 않으면 먹고살기 힘든 우리나라 사람들이 더 열심히 노력해서 튀르키예보다 경제 강국으로 올라섰으니 어찌 보면 전화위복이다.

유학했던 미국도 신비롭기는 마찬가지였다. 처음 미국에 갔을 때는 3개월간 뉴욕에 머무르며 동부 대학도 고려했지만, 더 자유로운 분위기와 좋은 날씨를 만끽하고 싶어 캘리포니아로 넘어갔다. 당시 미국은 리버럴리즘의 전성기였다. 1970년대 초반이었으니 1960년대 절정이던 히피 문화가 한풀 꺾였을 때인데도 자유와 저항, 탈권위의 물결이 거셌다. 특히 내가 유학한 스탠퍼드대학이 있는 캘리포니아는 히피의 본산지였다.

'히피의 거리'로 불리는, 버클리대 정문 앞 텔레그래프 거리는 자유와 진보의 산실로 유명한 곳이었다. 거리 양쪽에 마오쩌둥과 체 게바라의 대형 초상화가 나붙어 있었다. 곳곳에 히피들이 모이고 마리화나 냄새가 진동했다. 보고 있으면 내 피마저 데워지는 기분이었다. 당시 내가 떠나온 한국은 박정희 정권 유신시대로 젊은이들의 장발과 미니스커트까지 단속하던 때였다.

포크 가수 스콧 매킨지는 '샌프란시스코(머리에 꽃을)'라는 유명한 곡에서 "샌프란시스코에 가면/머리에 꽃을 꽂으세요(If you're going to San Francisco/Be sure to wear some flowers in your hair)"라고 노래했다. 이 불후의 히트곡은 1967년 6월 히피들의 축제였던 몬터레이 팝 페스티벌의 홍보를 위해서 만들어진 곡이다. 평화를 뜻하는 꽃은 히피의 상징이었다. 머리에 꽃을 단 청년들이 명분 없는 베트남 전쟁과 기성 질서의 억압에 반대하며 자유와 평화를 목청껏 외쳤다. 나도 예수처럼 머리와 수염을 길게 기른 채 히피 성향의 친구들과 곧잘 어울리며 자유를 만끽했다. 내 평생 신념이 된 리버럴리즘이 이때 마음속에 깊이 뿌리내렸다.

한국에 있을 때 나는 자타 공인 모범생이었다. 명망가인 아버지 이름을 욕되게 하지 않아야 한다는 자기 절제도 아주 강했다. 미국 유학 중에도 크게 벗어난 적은 없지만, 그곳은 완전히 다른 세상이었다. 한 번도 느껴보지 못한 무한한 해방감과 함께 조용한 모범생이었던 내 안에 억눌려 있던 것이 마구마구 터져 나왔다. 긴 머리와 수염은 자유의 상징이자 내 첫 일탈이었다. 어머니가 미국을 다녀가셨는데 긴 머리 그대로 공항에 마중 나갔다가 어머니 일행이 혼비백산했던 기억이 생생하다.

유학 생활 중 나는 평생 한 번도 접하지 못했던 다양한 사람들을 만나고 가급적 새로운 생각들을 접하려 노력했다. 극우에서 극좌까지 다양한 사상에 나를 노출했다. 각양각색 사람들이 어울려서 무질서 속에 질서를 이루는 곳, 그곳이 샌프란시스코였다. 금기도 성역도 없었다. 스탠퍼드, 버클리 두 명문대가 축적한 지성의 힘과 자유분방한 분위기가 바탕이 돼서 실리콘밸리 문화가 싹튼 게 아닌가 생각하기도 한다. 스티브 잡스가 애플의 공동 창업자인 스티브 워즈니악과 함께 최초의 퍼스널 컴퓨터를 만든 곳도 1976년 캘리포니아의 한 차고였다.

당시 나를 매혹했던 다른 하나는 일본 문화였다. 해방된 나라에서 태어났지만, 아직도 식민지의 상흔이 어른거리는 시대였다. 당연히 일본 문화를 즐긴다는 건 상상도 못 하던 때였다. 미국에 가서 처음 본 구로자와 아키라의 영화는 충격적이었다. 천재적인 영상미학과 인간 본질에 대한 깊은 통찰에 빠져들었다. 시간 날 때마다 재팬타운에 가서 사무라이 영화들도 섭렵했다. 탐미와 실존이라는 키워드로 나를 사로잡은 미시마 유키오를 읽으면서 일본어도 공부했다. 학교에서 배우지 못했던 일본 역사책도 찾아 읽었다. 무엇이든 새롭고 다양한 것들을 내 안에 마구 채워 넣던 시절이었다. 지적 사치라는 젊은 날의 특권을 한껏 누렸다.

사상적으로는 개인의 자유와 취향을 최대한 존중하는 리버럴리즘에 깊이 공감했다. 나는 원래 우리나라의 집단주의 문화가 잘 안 맞았다. 어려서부터 워낙 자유롭게 키워진 탓이겠다(우리 집의 양육 방식은 방임에 가까울 정도로 아이들의 자율성을 인정했다). 공적인 영역과 사적인 영역을 명확히 구분하고, 인간의 자율성을 믿으면서 집단의 개입을 최소화하는 것이 민주주의이자 행복에 이르는 길이라고 생각했다. 한때는 리버테리어니즘(Libertarianism·자유지상주의)에 가까울 정도로 자유에 대한 신념이 확고했다.

아내는 가끔 나의 리버럴 성향에 깜짝 놀라면서 이런 말을 하곤 한다. "당신 참 특이한 사람이야. 다른 환경에서 태어났다면 아마도 운동권 지도자가 됐을 거야. 재벌도 엄청나게 욕했을 것이고." 나도 굳이 그 점을 크게 부인하지는 않는다. "맞아, 그랬을 거야"라고 긍정해 버린다. 어떤 때는 자식들보다 내가 더 리버럴할 때도 있다. 아내의 말대로 내게는 "마이너리티에 대한 존중과 부채 의식" 같은 게 있는 듯하다.

때때로 나를 두고 진보·보수 중 어느 쪽인지 색깔이 모호하다든지, 기회주의자, 순진한 몽상가라 말한다고 듣고 있다. 보수 쪽에선 위선자나 배신자라 부르기도 한다. 사실 나는 인간의 자유의지를 믿는 리버럴로 사고하고 행동해 왔을 뿐이다. 우리 사회에서 말하는 진보·보수란 틀에 끼워서 맞추려 하면 어디에도 잘 맞지 않는 사람일 것이다. 그간 이런 내 생각을 드러내서 말한 적이 없으니 오해할 수 있다.

만약 내게 '진보냐 보수냐' '빨강이나 파랑이냐' 묻는다면, 지금 내가 쓰고 있는 안경을 벗어서 이게 빨강인지 파랑인지 확인부터 하는 사람이라고 답하겠다. 색안경을 벗고 고정관념 없이 있는 그대로를 보려고 노력하는 사람, 결론을 내기 전 한 번 더 심사숙고하는 사람에 가깝다. 진보든, 보수든 간에 한쪽 극단은 싫어하는 사람, 좌우를 떠나서 경세가적 실용주의가 필요하다고 생각하는 사람이다. 굳이 누구냐고 묻는다면, 오직 자유주의자라고 답하겠다.

어쨌든 나는 보수 쪽 언론사를 운영해 왔고, 스스로를 진보라고 생각해 본 적도 없다. 그러나 내가 생각하는 보수는 극우 민족주의와는 결이 다르다. 내가 생각하는 보수는 전통을 존중하고, 언어와 생각에 품위가 있고, 타인을 억압하지 않는 범위에서 개인 자유를 최대한 존중하는 것이다. 따뜻하고 합리적이며 열린 보수다. 2002년 중앙일보에서 진보·보수 여부와 강도를 계량화하는 지수를 처음으로 개발한 적이 있다. 여러 학자가 참여해서 개발한 설문에 슬쩍 끼어들어 답을 해보니, 내 자리는 민주당의 중간보다 더 왼쪽이었다. 그러나 나는 내 자리까지가 실제로 보수이고, 또 보수여야 한다고 생각한다.

자유, 평등, 박애. 프랑스 혁명 정신 이상으로 인류가 찾을 수 있는 가치는 없을 것이다. 그중 자유는 진보·보수를 떠나 인간의 기본 가치를 이룬다. 단, 자유를 논할 수 있으려면 최소한의 물적 기반이 있어야 한다.

자유와 평등은 때로 상충하는데 이 둘이 양극단으로 흐르는 것을 막아주며 균형추를 잡아주는 것이 박애다. 박애의 제도화가 무척 어려운 문제인데, 이때 부유층의 역할이 중요하다. 우리나라처럼 양극화가 극심한 미국이 그나마 사회 통합을 이루며 잘 굴러가는 것은 큰 부자들이 자선 활동에 적극적이기 때문이다. 부유층이 기부나 자선을 통해 국가 시스템을 보완하는 것이다. 미국은 의료보험 체계가 취약해 가난한 사람들이 제대로 치료받지 못하는 경우가 많은데, 안타까운 사연이 뉴스에 나오면 반드시 도와주는 사람이 있다. 일류 국가는 일류 시민들이 만드는 것이다.

『논어』에서 자공이 공자에게 물었다. "가난하면서도 비굴하지 않고 부유하면서도 교만하지 않다면 어떻겠습니까?" 공자가 답했다. "괜찮지. 그러나 가난하면서도 즐거워하고, 부유하면서도 예를 좋아하는 것만은 못하다." 공자의 답을 빌려오자면 '부유하면서 교만한 자유'는 수단·방법을 가리지 않고 돈을 벌 자유, 돈을 잘 쓴다는 책임 의식이 없는 자유, 윤리와 절제를 모르는 자유다.

내가 생각하는 자유는 '부유하면서 예를 좋아하는' 자유다. 이런 자유란 부를 추구할 자유를 누리면서 다른 사람의 자유를 위협하지 않는다. 자유를 행사해 부를 쌓았더라도 사회 균형을 위해서 스스로 베푸는 일에 나선다. 미국에서 조지 W. 부시 대통령이 상속세 폐지 법안을 밀어붙인 적이 있다. 많은 어설픈 부자들이 상속세를 아끼겠다고 그를 지지했다. 그러나 록펠러 가문 후손들, 언론 재벌 테드 터너, 마이크로소프트사의 빌 게이츠, 투자가 조지 소로스와 워런 버핏 등 진짜 부자들은 부시에 반대해서 상속세 폐지 반대 청원서에 앞다퉈 이름을 올렸다. 이들이 예의를 아는 부자들이기 때문이다.

우리 사회에도 이런 부자들이 늘어나야 한다. 우리 사회에 급진적 진보의 목소리가 높아지고 있다면, 그건 자유 경쟁 시스템 자체의 문제는 아니다. 그보다는 자유로운 경쟁의 결과로 생겨난 부의 격차를 조정하지 않고 독점하려는 부자들의 탐욕 때문이다. 특히 투표를 통해 자기의 정치적 의사를 표시할 여력도 안 되는 최하위층, 극빈층을 큰 부자들이, 보수와 보수 정당이 끌어안아야 한다. 주민등록조차 파악되지 않는 이들이 50만~100만 명에 이르는 것으로 추정된다. 표가 안 되니 진보 정당도 외면하는 계층이다. 이들을 감싸안는 게 진정한 보수가 할 일이다. 이런 게 보수의 품격이다.

당연한 얘기지만 시장을 죄악시하려는 생각엔 반대한다. 시장은 물이 위에서 아래로 흐르듯 자연법칙 같은 것이어서 아무리 애써도 절대 거스를 수 없다. 애써 거스르려 해봐야 백전백패다. 시장은 절대 이념의 대상이 될 수 없다. 우리가 고민해야 할 일은 시장의 역동성이 낳은 폐해를 좋은 제도로 보완하고, 그 혜택을 입은 사람들이 앞장서서 이를 해소하려 나서도록 장려하는 일이다.

다시 자유로 돌아오면 개인의 자유 중에서 으뜸은 사상과 표현의 자유다. 자유로운 사회란 범죄나 폭력이 아닌 한 개인의 어떠한 생각이나 취향도 용납하는 사회다. 단지 나와 다르다고, 내 맘에 안 든다고, 주류에 반한다고, 지배적 도덕률에 어긋난다고 국가가, 사회가, 타인이 간섭하거나 규제해서는 안 된다. 심지어 불순하고 위험한 생각도 머릿속 생각인 한에는 허용돼야 한다.

사상의 자유 시장에서는 '다양성'이 필수다. 개인의 사상이나 취향에 국가와 사회가 개입할 때는 그것이 폭력이거나 범죄일 때로 한해야 한다. 지배적 관념에 어긋난다는 이유만으로 불이익을 주거나 차별받아서는 안된다.

물론 최근에는 표현의 자유가 중요하다고 소수자나 타자를 혐오할 자유까지 허용할 것인가 하는 이슈도 있다. 여기에는 더 많은 사회적 논의가 필요하다. 그러나 확실한 것은 자유를 최대한 보장할 때 사회의 복리가 더 커진다는 점이다. 그런 사회의 포용성이 창의와 관용으로 이어진다.

아직도 가끔 머리를 기르고 대학가 맥줏집에서 친구들과 어울리며 치열하게 토론하던 젊은 시절이 떠오른다. 남의 옳고 그름을 함부로 재단하지 않는 태도, 자유와 품격을 지키려는 노력, 나의 자유뿐 아니라 남의 자유에 대한 존중, 머릿속에 든 사상과 취향에 대한 불간섭 등 나의 확고한 신념은 모두 샌프란시스코의 맑은 하늘 아래서 생겨났다.

그런데 안타깝게도 최근 뉴스로 접한 샌프란시스코는 더 이상 내가 기억하던 그곳이 아니었다. 관광객을 불러 모으던 낭만의 도시, 빅테크와 스타트업의 성지라 불리는 혁신의 도시가 마약 중독자와 노숙자, 좀도둑이 판치는 '좀비 도시'로 변해가고 있었다. 자칫 몰락한 자동차 도시 디트로이트의 전철을 밟을 수 있다는 우려마저 나온다니 충격적인 일이다. 팬데믹 이후 재택근무의 일반화와 인플레이션으로 도시 공동화가 생기고 노숙자가 급등했다. 여기에 2014년 민주당이 발의해 캘리포니아 주민투표를 통과한 주법이 불을 붙였다. 좀도둑이나 가벼운 마약 범죄의 처벌을 완화하는 '건의안 47호'가 그것인데, 처벌 강화가 만능이 아니라는 온정주의의 대가는 혹독했다.

"샌프란시스코에 오는 사람들에게/그곳 여름날은 사랑이 넘칠 거예요(For those who come to San Francisco/Summertime will be a love-in there)." 아직도 내 귓가에는 스콧 매킨지의 옛 노랫소리가 들려온다. 과연 사랑과 평화가 넘치던 그 시절 샌프란시스코를 되찾을 수 있을까.

오래가는 집안이 되려면

언젠가 한 방송 프로그램에서 '명문가의 비밀'이라는 주제로 국내 여러 명문가를 다룬 적이 있다. 4대째 의사인 집안과 5남매가 고시에 합격한 집안을 소개하면서, 해설자는 두 집안의 공통점으로 '문화적 유전자'가 존재한다고 말했다. 명문가들은 모두 독특한 집안 분위기, 즉 가풍이 남달랐다. 가풍은 세대를 거치면서 후손들 삶에 배어들어 전통을 이루는데, 집안에 전해오는 가훈도 큰 역할을 한다. 가훈을 지키는 실천 지침이 하나하나 쌓여 가정 교육이 되고, 훌륭한 가풍과 인재 배출로 이어진다.

퇴계 이황은 『초학훈서(初學訓書)』라는 책을 남겨 자손들에게 전하며 사람의 도리를 지키는 것이 배움의 기초라고 강조했다. 일종의 가훈집으로 경계해야 할 72개 항목을 적었다. 이를 아침저녁으로 외우며 가르침을 어기지 않으면 가문에 도움이 될 것이라고 당부했다. 다산 정약용은 유배지에서 아이들에게 편지를 써서 공부에 정진하라 했는데, 역시 몸은 떨어져 있지만 가풍을 이으려 애쓴 것이다.

가난한 아일랜드 이민자 가정에서 미국 최고 정치 명문가가 된 케네디 집안은 식사 시간을 활용한 '밥상머리' 교육을 통해 독특한 가풍을 일궜다. 그날치 뉴욕타임스를 읽지 않으면 식사 자리에 앉지 못할 정도로 활발하고 지적인 토론을 벌였다고 한다. 약속의 소중함을 알게 하려고 식사 시간에 늦으면 밥을 못 먹게 했다. 유력 금융 가문 출신으로 세계 최고 갑부의 한 사람인 빌 게이츠는 '부의 대물림은 창의력을 마비시킨다'라는 집안의 가르침에 따라 매년 거액의 돈을 사회에 환원한다.

톨스토이 집안 역시 명문가였다. 톨스토이는 열여덟 살 때부터 죽을 때까지 64년 동안 일기를 썼다. 그의 아홉 자녀 모두 아버지 습관을 이어받아서 일기를 썼는데, 나중에 모두 자신의 일기를 바탕으로 아버지에 대한 회고록을 출판했다. 일기 쓰는 습관은 대를 이어 자손들한테도 퍼져 갔는데, 그 때문인지 톨스토이 후손 중 100여 명이 러시아와 유럽 각국에서 작가, 예술가로 활동하고 있다. 일기 쓰기 습관이 가풍이 된 경우에 해당한다.

 내가 1980년대 초 자주 출장 다녔던 튀르키예에서 인상적인 것은 유력 가문들이 모두 오랫동안 이어져 온 특유의 가풍을 보존하고 있다는 점이었다. 그 집안사람들은 문화적 다양성에 대한 존중과 세상을 바라보는 크고 넓은 시각을 품고 있었다. 오스만 튀르크 제국의 후예들다운 데가 있었다. 세속화됐다고 해도 근본은 이슬람 국가인데, 다른 종교와 문화에 대한 일정한 관용마저 보여주었다. 그러지 않았다면 수백 년 동안 제국을 유지하는 것 자체가 불가능했을 것이다.

 재산이 많다고, 지위가 높다고 명문가가 되는 것은 아니다. 돈은 많지만 사회적 존경을 받지 못하거나, 기껏 일군 재산을 대물려 지키지 못하는 사람들이 얼마나 많은가. 끌어안기만 하면 사라지는 게 재산이다. 게다가 큰 재산은 인간을 쉽게 병들게 한다. 큰 부자는 하늘이 내리는 것이라고 생각한다. 하늘의 뜻을 새겨 사회에 기여하지 않으면 일순간 나락으로 떨어질 수 있다. 부정 축재한 사람치고 자식이 잘되거나 재산을 끝까지 지키는 경우를 본 적 없다.

 경주 최부잣집이 500년 명문가가 될 수 있었던 것은 절제와 베풂을 강조하는 가풍 때문이었다. 가훈 중 하나가 그 유명한 '사방 백 리 안에 굶어 죽는 사람이 없게 하라'였다. 노블레스 오블리주를 실천하려는 문화적 유전자가 집안사람들의 몸과 마음에 스며들어 행동을 규율하면서 명문가의 전통을 이었다.

우리 집안에 문화 유전자가 있다면 아버지로부터 물려받은 '호학(好學)'과 어머니로부터 물려받은 '적덕(積德)'이 아닐까 한다. 아버지는 학인(學人)이셨다. 평생 "공부하라"는 말을 입에 달고 사셨고, 늘 공부하셨다. 일이 있을 때면 독서와 공부에서 해법을 찾고, 일이 없을 때도 서재에서 머무셨다. 흔히 머리가 좋으면 공부를 잘한다고 하지만 더 중요한 것은 습관이다. 안중근 의사의 말처럼 하루라도 책을 읽지 않으면 입안에 가시가 돋칠 정도로 습관이 서야만 공부도 잘한다. 학습은 '배울 학(學)'이 '익힐 습(習)'이 되는 일이다. 습(習)이라는 글자를 파자하면, 날개(羽) 밑에 흰 백(白)이 붙어 있다. 고대 갑골문에는 흰 백(白)이 아닌 날 일(日)이 적혀 있다. 해 위로 높이 나는 새의 깃(羽) 모습으로, 새가 매일 날갯짓하듯 배움도 나날이 반복해 몸에 익혀야 한다는 뜻이다.

어머니에게 배운 것은 필요한 곳에 아낌없이 내놓는 베풂의 미덕이다. 어머니는 늘 정직과 염치를 강조하셨고, 자신은 검약하되 주변에 베풀 때는 손이 컸다. 베풀지 않고 잘살기를 기대할 수 없다는 말씀도 입버릇처럼 하셨다. 불가에서 말하는, 복을 지어야(作福) 복을 받을 수 있다는 이야기다.

이병철 삼성그룹 회장의 어머니는 집에서 십 리 안에 아기 울음소리가 들리면 반드시 미역과 쌀을 챙겨 보냈다고 한다.

당시만 해도 큰살림은 아니었으나 조금이라도 마음을 전했다. 덕을 나누어야 집안에 좋은 일이 있음을 아셨던 걸까. 실제 많이 베풀고 산 어머니의 공덕으로 이병철 회장이 크게 성공했다고 말하는 사람들이 많았다.

덕을 쌓는 일은 반드시 물질적 나눔만 의미하지 않는다. 물질적 도움이 아니더라도 타인이 힘들 때 한 번 같이 웃어주는 마음, 따뜻하게 건네는 정, 억울할 때 위로하는 말, 슬플 때 함께 울어주고 기쁠 때 진심으로 기뻐해주는 모든 것이 적덕이 될 수 있다. 이런 적덕이 귀하고 중요한 이유는 그것이야말로 남을 인정하는 것, 같이 산다는 걸 인정하는 행위이기 때문이다. 어떤 면에서는 기독교가 말하는 '사랑'과도 통한다. 그런데 말은 쉽지만, 실제로 행하기는 가장 어렵다. 제일 어렵기 때문에 모든 종교가 첫 번째 가르침으로 사랑과 자비를 얘기하는 게 아닐까 한다.

큰아들이 초등학생이었을 때 학교에서 가훈을 써오라고 하기에 '일체유심조(一切唯心造)'란 말을 써주었다. 모든 일은 오직 마음이 지어내는 것이라는 의미다. 사실 초등학생에게 주기에는 어마어마하게 큰 말이었다. 모든 일이 마음의 조화 속이고, 마음 밖에는 아무것도 없으니, 네 마음을 닦고 마음공부에 매진하라. 가훈을 써주고 나서 나이에 맞지 않은 어려운 말을 주었다고 잠시 후회했다. 그러나 일생 품고 갈 수 있는 말이니 지금은 잘했다고 생각한다.

　몇백 년 가는 명문가에는 모두 덕과 절제, 겸손이라는 공통점이 있다. 그저 부를 쌓고 높은 자리에 앉는 사람이 많이 배출되는 집안이 아니라, 타인을 인정하고 덕을 베푸는 일, 배우고 깨닫는 일의 즐거움이 얼마나 큰지를 보여주는 사람이 배출되는 집안이 진정한 명문가다. 예전에는 집안에 여러 세대가 함께 지내면서 어른을 모시며 자연스레 가풍을 이어받을 수 있었는데 핵가족화로 이런 부분이 사라진 것은 좀 아쉽다. 집안에 형제자매가 많으면 어려서부터 서열과 조화를 배우며 일종의 사회생활을 해볼 수 있다. 다정하고 책임감 있는 누님 등 우리 육남매는 참 우애가 좋았다. 돌이켜보니 어린 시절 복작거리는 집안에서 자란 것 자체가 소중한 미래 자산이었다.

포용력이 일류를 만든다

　봉준호 감독의 '기생충'이 칸과 아카데미를 휩쓴 지 벌써 여러 해다. '오징어게임'은 넷플릭스에서 가장 많이 본 드라마다. BTS 일곱 청년은 미국 백악관에서 연설했다. 한강 작가는 노벨문학상을 받았다. 과거에는 상상도 못 했던 풍경이다.
　한 나라가 일류 국가가 되려면 경제만으로는 부족하다. 경제적 성장에 걸맞은 정치적 성장, 사회적 성장, 문화적 성장이 있어야 한다. 특히 한 사회 지성의 총화를 보여줄 수 있는 과학과 문화 예술 분야에서 일류 인재들이 더 많이 나와야 한다. 그제야 비로소 한국인의 생활양식이 글로벌 스탠더드가 된다. 전 세계인이 모두 한국인처럼 생각하고, 느끼고, 행동하고, 표현

해도 어색하지 않을 때 한국이 일류 국가의 반열에 오르는 것이다. 이 때문에 나는 한강의 소설, 조성진·임윤찬의 피아노, BTS의 음악, 봉준호의 영화, 윤여정의 연기, 손흥민의 축구, 김연아의 스케이팅 등 일류의 목록이 늘어날 때마다 가슴이 벅차오른다. 미국 유학 시절 알게 모르게 당했던 차별과 글로벌 스탠더드를 체화한 그들을 부러워했던 기억을 떠올리면 더욱 그렇다.

대학 시절의 일이다. 어느 날 아버지가 말씀하셨다. "교수 될 생각 말고 현장에서 뛰어라." 항상 공부를 강조하던 아버지로서는 의외의 말씀이었다. 게다가 나는 공부에 한창 재미를 붙이고 학자의 길에 매력을 느끼고 있었다. 이유를 여쭈니 "아직 우리나라가 할 일이 많다"라고 말씀하셨다. 단호한 어조였다.

아버지는 원래 법학자가 되고 싶어 하셨다. 나랏일 하는 것을 더 크게 생각했기에 교수의 길을 포기했지만, 평생 미련이 많았다. 그런데 아버지는 "만약 내가 교수가 되었다면 이류 학자가 되고 말았을 것"이란 말도 자주 하셨다. 설령 한국에서 일류 학자가 되더라도 세계의 일류 학자는 불가능했을 것이라는 의미다. 당시 우리나라의 국력 등을 생각하면 수긍되는 얘기다.

외국에 나가 살면서 개인으로 일류 자리에 오를 것이 아니라면, 나라의 수준 자체를 일류로 끌어올리는 일이 더 가치 있는 일이 된다. 이것이 아버지 세대의 선택이었다. 또 우리 세대에 속하는 많은 이들의 선택이기도 했다. 이때부터 나는 일류란 무엇인지, 어떻게 하면 일류가 될 수 있을지 고민하기 시작했다.

일류에 대한 아버지의 고집과 자존심은 일상에도 드러났다. 아버지는 정치인이나 유명인과 함께 사진을 찍고, 그 사진들을 자랑스레 걸어두는 걸 질색하셨다. "줄 서서 유명한 사람과 같이 사진 찍는 걸 즐길 시간에 네가 다른 사람들이 함께 사진 찍고 싶어 하는 사람이 돼라"고 하셨다. 말하자면 BTS랑 사진 찍는 사람이 아니라 자신이 BTS가 되라는, 자신이 일류가 되라는 얘기였다. 이런 아버지의 말씀은 어린 나의 골수에 속속 파고들었다.

우리는 쉽게 일류라는 말을 쓴다. 하지만 명품을 갖고 있다고 사람이 명품이 되는 것이 아니듯 일류를 지향한다고 일류가 되는 것은 아니다. 스스로 일류로 살아간다고 자부하려면 일류의 사고와 품성을 갖추어야 한다. 좋은 학교를 나오고 좋은 직업을 갖는다고 일류 인생이 보장되는 것은 아니다. 일류에 걸맞은 품격과 철학이 있어야 한다. 교육도 일류를 키워내는 교육으로 바뀌어야 한다.

예전에 봤던 JTBC 드라마 '그린마더스클럽'이 생각난다. 일류의 삶을 꿈꾸며 일류 코스의 출발인 영재 교육을 받는 아이들과 엄마들 얘기였다. 엄마들은 자식을 일류로 키우고 싶어 자기 삶을 포기한 채 극성을 떤다. 아이들은 공부는 잘하지만, 인성은 메마르고 거짓말을 하고 남을 배려할 줄 모르는 이기적 아이로 자란다. 친구들은 모두 경쟁 상대이니 서로 어울리며 살아가는 즐거움은 모르는 불행한 아이가 돼 버린다. 세태를 반영해 입맛이 쓴 드라마였다.

물론 사람의 능력, 실력은 중요하다. 우리 사회의 유난한 교육열도 그 자체가 나쁜 것은 아니다. 그러나 능력은 일류의 필요조건일 뿐이다. 능력은 출중하지만 배려와 존중을 모른다면 그건 이류다. 진정한 일류란, 자기만이 아니라 사회 전체의 발전에 이바지하는 사람, 뛰어난 능력이 있으면서 남과 어울려 살아가는 포용적 성품을 갖춘 사람이다.

이런 일류의 품성은 하루아침에 키워지지 않는다. 우리처럼 그저 1등만 하면 모든 걸 용인하다 보면 뒤틀린 인성의 이류들이 속출한다. 성적 만능 사회의 취약점이다. 최근에는 미국의 엘리트 교육도 확 변했다는 이야기를 들었다. 과거에는 미래의 지도자에 걸맞은 책임감과 일반인과 능력 차이를 강조하며 특권 의식을 불어넣어 줬다면, 요즘은 다양성을 수용하고 대중적 취향도 기꺼이 받아들여 겉으로는 평범하나 일하는 능력은 압도적인 엘리트로 육성한다는 것이다. 타인에 대한 배려와 존중이 엘리트(일류) 교육의 핵심이 된 것이다.

미국 생활 등을 통해 내가 본 세계 일류들의 또 다른 공통점은 낙관주의다. 사실 이게 진짜 중요하다. 일류들은 기본적으로 인간의 선의를 믿었다. 미국도 굉장히 경쟁적인 사회이지만, 남과 경쟁하면서도 상대를 믿고 존중하는 게 기본이었다. 설혹 나중에 사기를 당하거나 배신을 당해도 그건 특정 상대의 문제일 뿐, 세상이나 인간 전반을 불신하지 않았다. 사람과 사회에 대한 신뢰가 없는 일류는 별로 보지 못했다.

반면 우리나라 사람들은 상당히 냉소적인 편이다. 인간에 대한 믿음이 부족하고, 아이들에게도 쉽게 사람을 믿지 말라는 것부터 가르친다. 우리 자신에 대해서도 부정적이다. 밖에서 우리나라를 보는 것보다 스스로에게 박한 점수를 준다. 우리에게 이렇게 불신이 팽배한 것은 그간의 역사적 체험과 무관하지 않을 것이다. 식민지, 전쟁, 이념 갈등, 군부독재 등으로 이어지는 격변의 현대사가 '어떻게든 나만은 살아남아야 한다'는 생존주의를 강화했고, 자연스레 타인에 대한 불신을 낳았을 것이다.

그러다 보니 우리 사회에는 상대방의 말을 듣고 일단 믿기보다 회의하는 태도가 팽배하다. 모든 걸 의심하는 것은 학문의 세계에서는 미덕이지만, 현실 사회에서는 불필요한 사회적 비용을 초래해 득보다 실이 크다. 서로를 신뢰할 때까지 탐색과 검증 비용이 적지 않기 때문이다. 인간을 신뢰하지 못한다면 사람을 고용할 수도 없고, 남에게 교육을 맡길 수도 없다.

때로는 상대방 말을 무조건 의심하고 불신하는 태도를 비판적 사고라고 착각하기도 한다. 비판은 상대방의 의견 안에 존재하는 모순을 따져서 검증하는 것이지, 처음부터 상대방이 사기꾼이란 것을 밝혀내는 일이 아니다. 비판의 전제는 상대방의 의견이 무조건 틀렸다가 아니라, 상대방의 의견도 일리 있지만 그 안에 감추어진 모순을 짚어내는 것이다. 건강한 비판은 무조건적인 의심과 불신, 깎아내리기와는 다르다. 건강한 비판에는 비판하는 이와 비판받는 이가 함께 지성을 발전시키는 기쁨이 있다.

인간에 대한 기본적 신뢰는 어떻게 형성될까. 역시 가정 교육이 중요하다. 어린 시절 좋은 가정에서 따뜻한 관심과 사랑을 받은 아이는 마음 깊은 곳에 타인에 대한 믿음을 키운다. 사람을 믿는 사람은 남과 협력을 잘한다. 나와 다른 생각을 하는 사람, 나와 다른 문화권에서 자란 사람과도 터놓고 생각을 교환하고, 힘을 합쳐서 새로운 일을 도모할 줄 안다. 그런 관용과 포용력이 건강한 시민성의 근간이다. 바로 일류 시민의 자질이다.

더구나 우리는 단일국가로 수천 년 동안 인종적, 문화적 다양성 없이 살아와 순혈주의가 강하고, 낯선 문화와 타인에 대한 존중과 포용이 부족한 편이다. 이런 배타성은 우리가 진짜 일류 국가, 일류 시민으로 도약하는 데 걸림돌이 된다.

그런 점에서 나는 요즘 우리 청년세대가 보여주는 탁월한 문화적 관용성에 감동받는다. 한류를 이끄는 젊은이들은 우리 것만 고집하지 않고, 나와 다른 것에 수용적이며 유연하다. 세계 최상급 문화들을 모조리 흡수하여 우리 고유의 문화와 합쳐 새로운 것들을 만들어 내고, 그를 무기로 세계 일류의 반열에 올랐다. 낯선 것들에 대한 포용 없이는 불가능했을 일이다.

흔히 잡종보다 순종을 귀히 여기지만, 생물체들은 유전자 풀이 다양화된 잡종을 선호하는 방향으로 진화해 왔다. 유전자의 다양성이 증대되면 그만큼 생태계 변화에 대응하는 선택지가 많아 생존에 유리하기 때문이다. 유전학에는 서로 다른 품종을 교배할 경우, 우수한 품종이 나오는 '잡종 강세' '잡종 우위'란 현상도 있다. 창의성도 서로 다른 것을 섞고 포용하는 데서 출발한다. 타인을 불신하고 타인에게 열려 있지 않은 사람은 심지어 창의적일 수도 없다는 얘기다. 포용성은 일류의 으뜸가는 조건이다.

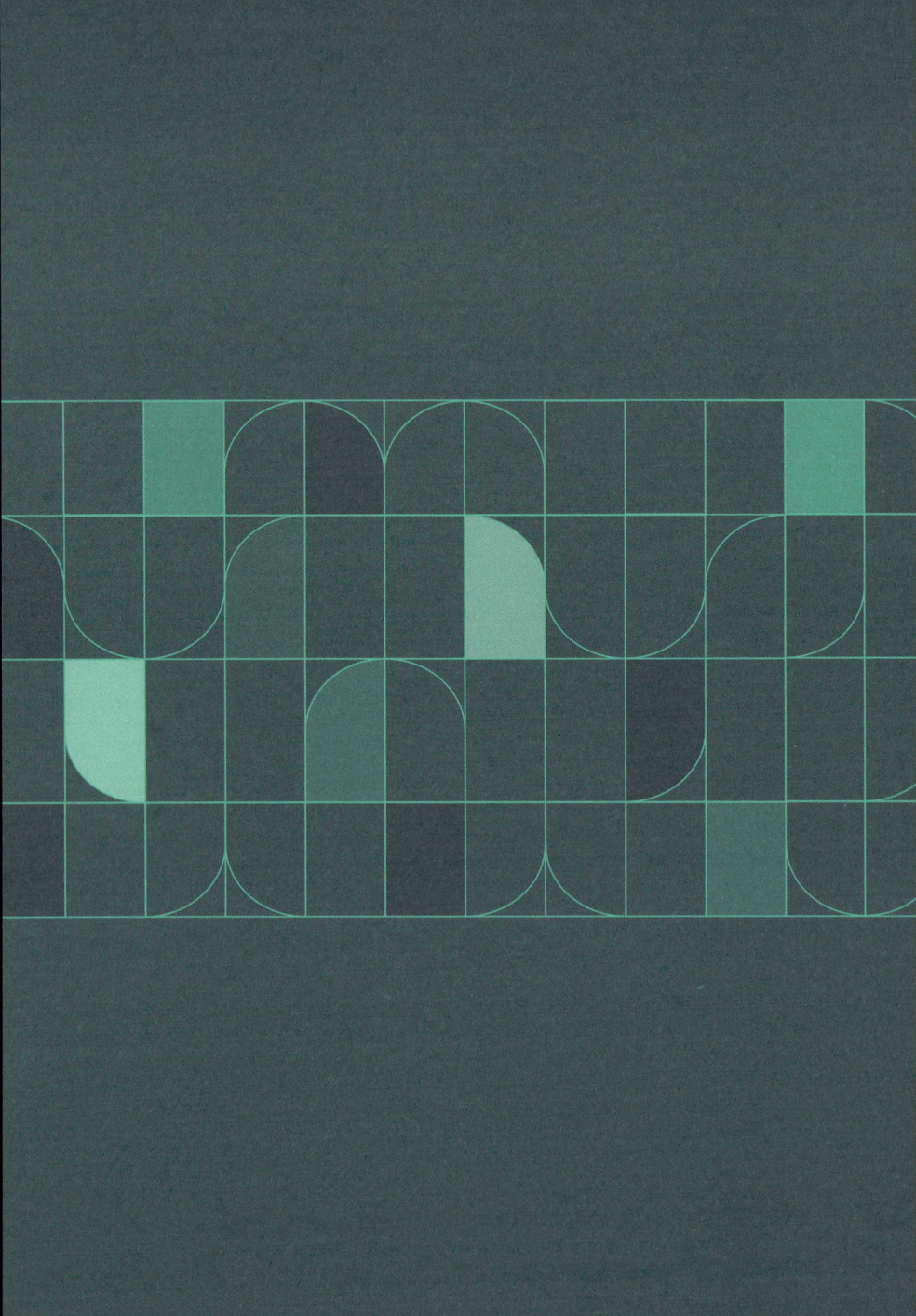

CHAPTER 3

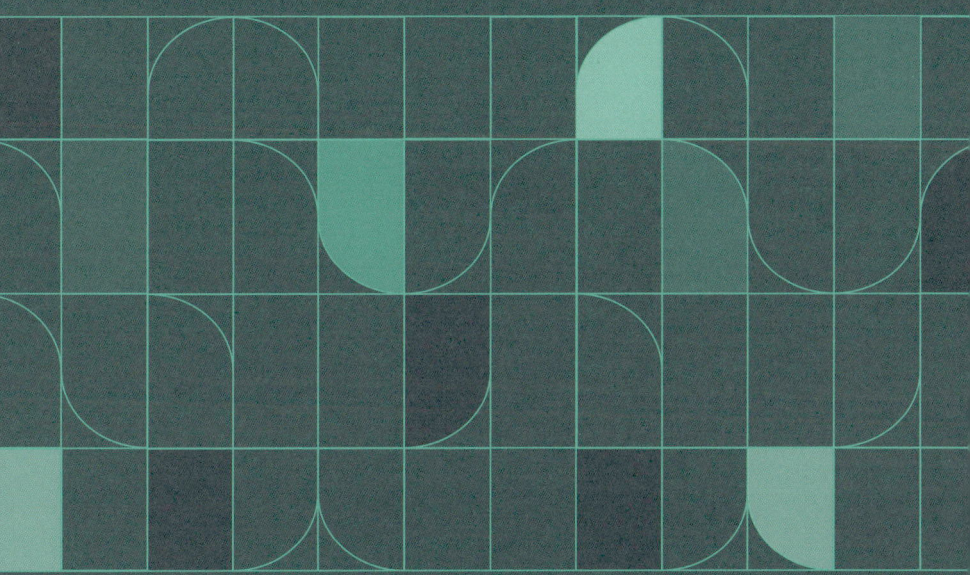

영성

'얼마나 사느냐'보다 '어떻게 사느냐'가 중요하다

안중근 의사는 내가 참으로 존경하는 인물이다. 어릴 적에는 이토 히로부미를 저격해서 나라의 의기를 높인 행동가 안중근의 애국정신에 공감했고, 나중에는 안중근 사상의 정수인 '동양 평화의 꿈'에 매료됐다. 감옥에서 쓴 말년의 저서 『동양 평화론』에서 안중근은 뤼순을 한·중·일 3국의 공동 번영을 위한 도시로 개발하자고 제안했다. 한·중·일 3국의 공동 화폐 발행, 자유로운 이동 보장도 함께 주장했다. 적의 심장을 겨눴던 식민지 청년이 자신의 존재를 뛰어넘은 담대한 구상이다. 평화와 공존을 향한 그의 꿈은 한·중·일 3국이 복잡한 정치적 이해관계 속에 갈등하는 오늘 우리에게 많은 것을 시사한다.

하지만 내 마음에 가장 깊게 와 닿은 것은 안중근의 글씨다. 2009년 예술의전당에서 열렸던 '안중근 의사 서예전'은 좀처럼 잊지 못할 체험 중 하나였다. 붓글씨를 시작한 지 몇 년 지났는데도 좀처럼 실력이 늘지 않아 고심할 때였다.

안중근의 글씨는 놀라웠다. 하얀 벽면에 가지런히 놓인 글씨에서 강한 힘이 느껴졌다. 글을 쓴 사람이 살아 있는 듯한 느낌이 이런 거구나 절감했다. 안중근은 스승을 모셔 따로 글씨를 배운 적이 없으니, 서당에서 배운 서당 글씨일 것이다. 그런데도 자기 글씨체가 아주 선명했다. 글 내용도 뤼순 감옥 동료나 간수의 부탁을 받고 써준 것들이다. 그를 사형장으로 보낸 검사에게 써준 글도 있다. 예술성을 따지기 힘든 일상적 글씨이지만, 남들이 도저히 흉내 내지 못할 깊이가 있었다. 글씨 안에 강직한 성품과 열정적 삶이 녹아들어 있었기 때문이다.

안중근은 전형적인 무골이다. 어렸을 때부터 무술을 좋아했고 사격의 명수였다. 김구도 『백범일지』에서 그를 "안씨 집안의 총 잘 쏘는 청년"으로 묘사했다. 개혁파 지식인이었던 안중근의 아버지는 맏아들이 공부는 뒷전이고 산과 들로 다니며 무술을 익히고 사냥이나 하는 걸 못마땅하게 여겼다. 선비 아버지에게 그리 사랑받지 못한 무사 아들이었던 것이다. 그러니 겉으로만 보면 절대 문기가 나올 수 없는 글씨인데, 놀랍게도 그의 글씨에는 자연스러운 문기가 넘쳤다. 아마 그의 고매

한 인격이 묻어나온 것이리라.

　글씨를 처음 배울 때 알게 된 것으로, 청나라 사람 유희재의 말이 있다. "글씨를 배우는 사람은 처음에는 솜씨가 없는 상태에서 시작하지만, 마음은 뛰어난 솜씨를 추구한다. 다음 단계에서는 솜씨를 부리지 않은 자연스러움(拙)을 추구한다. 솜씨를 부리지 않아 자연스러운 것이 솜씨의 지극한 경지이다." 이 말을 빌리면 안중근의 글씨는 이미 자연스러운 경지에 이르러 있다. 그의 성정상 첫 단계를 생략하고, 곧장 두 번째 단계로 나아간 게 아닐까 싶다. 솜씨가 아니라 마음이, 마음의 심지가 중요하다는 것을 일깨워 주는 글씨다.

　전시장을 둘러보다 보니 하얼빈에서 이토 히로부미에게 총구를 겨눌 때 안중근의 나이가 서른 살이었다는 데 문득 생각이 미쳤다. 내 서른 살을 돌아보니 나름대로 열심히 살았다고 생각했지만, 치기 어린 철부지에 불과했다는 부끄러움이 몰려왔다.

　'네 뒤에 있는 다리를 불 질러 없애라(Burn the bridge behind you)'라는 말이 있다. 하얼빈으로 떠날 때 안 의사가 꼭 이랬을 것 같다. 마음에 추구할 목표와 가치가 뚜렷하다면 언제든 모든 걸 걸고 열정을 불태워도 좋다. 가치를 추구하는 삶은 저절로 불꽃이 되기 때문이다. 그런 삶을 사는 사람들은 인생에서 퇴로를 준비하지 않고 핑계도 준비하지 않는다. 역사에 뚜렷한 족적을 남긴 이들은 모두 삶을 남김없이 태운 사람들이다.

안타깝지만 세상에는 자신의 삶을 불태울 만한 가치를 찾기는커녕 그저 주어진 길을 좇아 사는 데 급급한 경우가 많다. 삶에 대한 열정이 한창 불타올라야 할 청소년기의 모든 에너지를 어느 대학에 가느냐, 어떤 직업을 갖느냐에 쓰고, 그 직업을 택한 후에는 직업인으로서 살아가는 게 보통의 삶이다. 가치 없는 직업은 없지만, 직업이 한 사람의 삶에서 추구할 가치를 전부 정해 주는 것은 아니다. 자신이 평생 매달려 살아갈 직업을 얻기 전에 우선 내가 인생에서 좇을 가치는 무엇인지 묻고 찾는 시간을 보내야 한다. 책을 읽고 음악을 듣고 미술 작품을 보고, 다양한 체험을 하거나 세상의 이치를 탐구하는 공부를 하면서 평생을 투신할 가치를 찾아야 한다.

세상은 보통 일과 생산성을 중심으로 사람을 평가하기 때문에, 내가 누구냐는 흔히 내가 어떤 일을 하느냐, 어떤 직업을 갖느냐와 동의어로 받아들여진다. 자신을 소개할 때 직업을 말하는 게 보통인 것처럼 말이다. 장래 희망도 어떤 직업을 갖고 싶은가를 묻는다. 직업이 없거나, 일하던 사람이 은퇴하면 존재 가치가 없다고 느끼기도 한다. 그러나 직업과 일이 그가 누구인지, 어떤 사람인지, 어떤 삶을 살고 있는지, 정체성을 다 말해주는 것은 아니다.

아이들과 청년들이 어떤 직업을 가질까가 아니라 가치에 집중하고 위대한 일을 꿈꿀 수 있도록 돕는 사회가 선진 사회다. 삶의 최고 가치가 돈벌이가 되고, 뛰어난 청년들이 너도나도 의대와 로스쿨로 진학하는 현실은 너무 안타깝다. 직업은 가치를 이루는 수단일 뿐인데 말이다.

젊은 시절의 나 역시 주어진 일에 최선을 다하는 힘은 있었으나 그 일이 모두의 가치와 이어지는 일인지 질문하는 힘은 부족했던 것 같다. 아직 더불어 산다는 것의 의미를 잘 몰랐고, 내 세계에 갇혀 있었다. 사회에서 나와서도 내 삶은 주로 경영자로서 조직 내외에 성과를 내는 일에 맞춰져 있었다. 목표를 이룰 때마다 기뻤고, 사세가 커가며 보람도 느꼈으나 무작정 내달리지만 말고 멈춰 서서 한 번쯤 내 삶의 가치를 다질 시간이 있었다면 좋았을 것 같다.

예술의전당에서 안중근 의사의 글씨를 만날 무렵, 내게 건강 문제가 생겼다. 집안에 심장 질환으로 사망한 경우가 많아 평소에도 신경 쓰고 있었는데, 심장에 석연찮은 증상이 생긴 것이다. 걱정하는 가족들을 달래며 겉으론 의연한 척했으나 마음이 요동쳤다. 정밀 검사 결과 다행히 내 심장에는 큰 문제가 없으니, 관리만 잘하면 가족력과 상관없이 건강할 수 있다는 진단이 나왔다. 의사의 말을 들으며 가슴을 쓸어내리는데, 저 깊이 심장 어딘가가 뻐근해졌다.

그때 문득 생각이 들었다. 새로운 삶이 주어진다면, 지나온 삶과 다른 무엇을 할 수 있을까? 열정을 불살라 '나만의 삶'을 살면서 다른 이들에게 선한 영향을 주고 싶다는 마음이 들었다. 그때 내 삶의 축이 이전까지와 조금 다른 방향으로 또 한번 움직였다.

어디로 가는 건지 모르는 채 질주만 하는 시간은 결국 나중에 큰 아쉬움을 남긴다. 인류에게 새로운 삶의 지평을 열었던 스티브 잡스마저 죽을 무렵엔 과연 나만의 삶이 있었는지 안타까워했다. 내가 좇는 가치를 위해 얼마나 삶을 불사르고 있는가, 내가 좇는 가치와 실제 삶은 얼마나 부합하는가가 항상 자신에게 던져야 할 질문일 것이다. 인생이란 얼마나 사느냐보다 어떻게 사느냐가 중요하다. 가치가 이끄는 삶이라면 서른 살에 죽든, 언제 죽든 '나만의 삶'이라는 작품으로 남는다.

우리 안에 모든 것이
갖추어져 있다

 서재에 앉아 책장을 둘러본다. 그간 내 지적 편력이 한눈에 느껴진다. 책을 이곳저곳 나눠두고 있고, 그때그때 다 읽은 책들은 주변에 자주 나눠주는데도 책장에는 책이 늘 빽빽하다. 새로 사는 책도 많고, 선물 받는 책도 많다. 주기적인 정리에도 내 서재에 끝까지 살아남은 책들은 특별히 아끼는 것들로, 대부분 여러 번 읽어도 늘 새롭게 다가오는 책들이다. 얼마 전 서재를 둘러보다 랠프 월도 에머슨의 책에 시선이 꽂혔다. 이 역시 여러 번 새겨 읽어, 내 영혼의 친구 같은 책이다.

 에머슨은 19세기 미국의 시대정신을 대표하는 지성으로, 문인이자 사상가이고 뛰어난 강연자였다. 목사 집안 출신인 그는 하버드대 신학부를 졸업하고 목사가 되었지만, 교단의 기계적 형식주의에 염증을 느끼고 목사직을 사임했다. 이후 미국, 유럽 등을 돌아다니며 헨리 데이비드 소로, 너새니얼 호손, 토머스 칼라일 등 당대의 유명 문인들과 교류했다. 서른한 살 때인 1834년 매사추세츠주 콩코드에 정착했고, 물질주의로 인해 영적 고갈에 시달리는 현대인들을 향한 메시지를 쏟아냈다. 사람들은 그를 '콩코드의 현자' '미국의 스승'이라 불렀다.

에머슨은 동양철학과 불교의 영향을 많이 받았다. 특히 불교의 핵심 지혜 중 하나인 "우리 안에 모든 것이 갖추어져 있다"라는 말을 자주 인용했다. 인간은 본래 자기 안에 모든 것을 충족할 만큼 강한 힘을 타고난다. 그러나 가치 있는 것을 자꾸 외부에서 찾으려 하기에 자기 길을 잃고 약해진다는 것이다.

실제 행복을 결정하는 것은 바깥의 자극이 아니라 마음의 움직임이다. 아무리 맛있는 음식을 먹어도 마음에 흡족하지 않으면 맛없게 느껴진다. 아무리 돈이 많아도 마음이 평온을 잃으면 세상은 지옥이다. 그래서 마음 밖에서 행복의 비밀을 찾으려는 자는 행복해질 수 없다. 모든 것은 내 안에 이미 있으니, 마음을 다스리는 공부가 행복으로 가는 지름길이다. 에머슨은 강조했다. "밖에서 찾지 말고 자신한테서 찾으라." 이는 에머슨의 애독자였던 버락 오바마 전 미국 대통령이 즐겨 인용하는 구절이기도 하다.

내 안에 없는 것을 경험할 수 없고 우리 안에 모든 것이 갖춰져 있으니, 에머슨은 "남에게 의지하지 말고 종교나 사상에도 의지하지 말고, 어떤 우상적 삶도 살지 말고, 자신에게 기도하며 물으라"고 말했다. 이런 생각은 불교의 수행법과 맞닿아 있다. 16세기 이후 인도의 힌두교와 불교 서적이 서양에 많이 번역됐으니 아마도 거기에 영향을 받았을 것이다. 최근 어느 유튜브 채널에서 듣기로는 에머슨이 가장 사랑한 책 중 하나가 인도 철학자 샹카라가 쓴 우파니샤드 주석서의 일부였다고 한다. 17세기 라틴어 번역본을 구해 탐독했다고 한다.

어쩌면 모든 영적 전통은 궁극적으로 하나로 통할 것이다. 틱낫한 스님도 비슷한 말을 했다. "우리는 한 송이 꽃처럼 행동해야 한다. 꽃은 모든 것이, 우주 전체가 제 안에 있다는 사실을 안다. 그래서 다른 무엇이 되려고 애쓰지 않는다. 너도 같다. 네 안에 하나님이 있다. 그러니 하나님을 찾아 두리번거릴 이유가 없다." 자기 안에 이미 하나님이 있는데, 왜 바깥을 자꾸 기웃거리겠는가.

참된 진리는 물질 속에 있지 않고, 내 영혼에 이미 담겼다. 수행이란 자기를 있는 그대로 바라보면서, 진리의 담지자인 참된 나를 찾는 것이다. 내 안에서 진리를 찾고, 세상에서 다시 진리의 고리들을 확인하는 것이 일찍이 붓다가 걸었던 길이다. 붓다는 설산에서 6년 고행 끝에 보리수 아래에서 명상해서 자기를 깨치고, 세상에 들어가 설법하면서 지혜를 나누었다.
　기독교였던 에머슨과 소로도 세속의 삶에서 물러나 자기 내면을 들여다봄으로써 참된 지혜를 발견했다. 그리고 저술과 강연 등을 통해서 이를 세상에 다시 돌려주었다. 예수도 마찬가지다. 40일 동안 광야에서 단식기도하면서 신의 뜻을 깨닫고, 세상에 나아가 자신이 알아낸 기쁜 소식을 전함으로써 인류 구원의 길을 보여주었다. 청년 시절 에머슨을 읽었을 때는 내 마음공부가 덜 돼 알지 못했으나, 이제는 모든 종교가 같은 이야기를 하고 있다는 걸 깨닫는다.

◆ ◆ ◆

　불교의 화두 중 하나가 '평상심시도(平常心是道)'다. 중학교 다닐 때 처음 아버지로부터 들은 말이다. 그때는 무슨 뜻인지 정확히는 모르겠지만 참 싱거운 말이라고 생각했다. 평상심시도란, 평상심이 곧 진리라는 뜻이다. 우리가 일상에서 늘 쓰는 마음을 떠나 진리가 따로 있지 않다는 뜻이다.
　이 '평상심이 곧 도'라는 말을 처음 한 사람은 중국 당나라 때의 유명한 선승인 마조다. 그런데 송나라 때 편집된 화두 모음집인 『무문관』에는 당나라 선승 조주가 스승 남천에게 "무엇이 도입니까?" 물었을 때, 남천이 "평상심이 도"라고 답했다는 일화가 나온다. 입에서 입으로 전해진 설화인 만큼, 누가 말의 주인인지를 가리는 것은 어리석을 것이다.

조주는 불법이 무엇이냐 묻는 이들에게 그냥 "차 한 잔 하고 가시게"라고 답했다. 당신이 묻고 있는 그 생각의 세계에서 벗어나 지금 묻고 있는 마음, 평소의 마음으로 돌아오라, 그게 깨달음이고 불법이니라, 나는 이렇게 이해한다. 미국에 일본 불교를 전한 스즈키 순류는 "선이란 어떤 특수한 체험이 아니다"라며 "선이란 번뇌 없는 마음, 고요한 마음"이라고 했다. "선은 어떤 흥분 상태가 아니다. 매일 일상적으로 반복하는 일에 마음을 집중하는 것이 바로 선이다." 바깥에 의지하지 않고 자신에게 묻고 기도하면서 수행을 거듭하면 진리의 자락을 엿볼 수 있다는 에머슨의 말과도 통한다.

『무문관』에는 평상심시도에 대한 시원한 게송 하나가 있는데 두고두고 음미할 만하다.

봄에는 백 가지 꽃, 가을에는 달
여름에는 시원한 바람, 겨울에는 눈
마음에 걸어놓은 일이 없다면
이것이 인간의 좋은 시절이라.

이미 우리 곁에는 모든 것이 있다. 행복을 잃어버린 것은 꽃과 바람과 달과 눈을 있는 그대로 즐기지 못하고, 욕심을 부리면서 더 많은 물질과 성취에 집착하는 마음 때문이다.

린포체 초감 트룽파는 히피 운동과 결합해 티베트 불교를 미국에 전한 사람이다. 그는 '청량한 지루함(Cool Boredom)'이라는 말로 평상심시도의 핵심을 전했다. 히피와 결합이 지나쳐 나중에는 청정함을 잃었지만, 그의 말은 가려들으면 여전히 영적 울림이 크다.

초감 트룽파는 삶에 별다른 일이 일어나지 않을 때 느끼는 지겨움을 '뜨거운 지루함'과 '청량한 지루함'으로 구별해 설명한다. 뜨거운 지루함은 우리가 흔히 경험하는, 답답하고 짜증나는 지루함이다. 무얼 해도 인생이 무의미하게 느껴지는 권태가 원인이다. 뜨거운 지루함에 빠지면 사람들은 감옥에라도 갇힌 듯한 기분으로 제발 무슨 일이라도 생기길 갈망한다.

반면 청량한 지루함은 명상같이 아무 행동도 하지 않으면서 온전히 자신에게 집중할 때 생겨난다. 별일이 없어 심심한 건 똑같지만 우리 마음에 시원함과 상쾌함을 가져온다. 명상이 우리를 이기적 에고에서 해방해 평정한 상태로 되돌려놓기 때문이다. 트룽파는 그 기분이 마치 히말라야의 여름에 얼음이 녹아 졸졸 흐르는 청량한 시냇물 같다고 해서 '청량한 지루함'이라고 표현했다.

일상이란 참 기묘한 것이다. 우리는 무슨 일이든 일어나기를 바라면서, 동시에 아무 일 없기를 원한다. 보통 평상시엔 다들 지루하다. 지루하니 딴짓을 구한다. 행복이 뭔가. 아무 문제가 없는 게 행복인데, 문제가 없으면 꼭 문제를 일으키고 싶어지는 게 사람이다. 지루함 때문이다. 아무 일 없는 일상을 그 자체로 즐기는 법을 깨닫지 못한다면 삶은 언제든지 '뜨거운 지루함'에 빠져든다.

그러나 스펙터클한 일만 기적이 아니다. 하루하루 평온한 삶에서도 기적은 끝없이 일어난다. 황량한 들판에서 꽃이 피는 기적, 무더운 날씨에 시원한 바람이 부는 기적, 잎이 다 떨어진 나무 위로 둥근 달이 떠오르는 기적, 텅 빈 대지를 하얀 눈이 가득 메우는 기적. 아무것도 바라지 않고, 억지로 영적 경험이나 철학적 탐구를 행하지 않으면서 마음을 있는 그대로 놓아둘 때, 우리는 비로소 지루해만 보이는 일상 자체의 기적을 눈치챌 수 있다.

우리가 늘 향유하고 있지만 그걸 잃어버렸을 때 얼마나 소중한 것인가를 깨닫게 되듯, 아무 문제가 안 일어나는 집안이 행복하고 평화로운 집안이듯, 무소식이 희소식이듯, 파도가 안 일어나는 마음을 유지하는 것, 그게 곧 청량한 지루함이고 평상심시도다.

초감 트룽파는 멀리 다른 곳에서 기적을 찾지 않는 사람, 즉 이곳과 저곳을 분별하지 않는 사람을 리시(Rishi)라고 했다. 리

시는 힌두교에서 온 말로, 속세를 떠나 오랜 고행 끝에 진리를 깨달아 불사의 영역에 닿은 성자를 뜻한다. 그런데 성자도 밥 먹을 때는 밥을 먹고, 잠잘 때는 잠을 잔다. 다른 데서 진리를 찾지 않고, 지금 하는 일을 완벽하게, 꽉 차게 하는 사람은 지루함 속에서도 청량한 기쁨을 얻는다. 그런 사람이 평상심시도를 이룬 것이다.

그러니까 특별한 수행이 따로 없고 일상의 행동 하나하나를 수행의 순간들로 삼으면 누구나 언제든 행복해질 수 있다. 산사에서 예불을 드리며 스님처럼 하루를 살아보는 템플 스테이를 하고 나면 평생 잊지 못할 특별한 경험이라고 입을 모은다. 그러나 산사에서 수행하는 스님 입장에서 보면 그건 평범한 일상일 뿐이다. 매일 입는 대로 입고, 먹는 대로 먹고, 평소처럼 행하면서 일상 속에서 '도'에 매진했을 뿐이다.

바라는 게 많을수록 마음은 불만에 가득 차고, 순간순간은 불행에 짓눌린다. 평온해지려면 외부의 변화를 기대하거나 강요하지 않고 자신의 마음을 바꿔야 한다. 고요함을 원한다면 지저귀는 새를 쫓아 버리려 하지 말고 새들의 노래에서 평화를 느끼는 게 낫다. 침묵을 원한다면 바람의 움직임을 멈추거나 강물의 흐름을 막으려 하지 말고 마음을 하나로 모아서 몰입하는 게 더 좋다. 마음을 다스릴 줄 안다면 천둥소리도 얼마든지 잔잔한 배음으로 들릴 것이다.

사람을 사랑하는 것도 마찬가지다. 상대를 억지로 통제하려 하기보다는 그대로 놓아두고 사랑의 마음을 품어야 한다. 사랑의 마음을 상대가 아닌 나 자신에게 적용하는 것, 그게 참사랑이요, 선(禪)이다.

생각이 흐르는 대로 놓아두고 갖가지 이미지가 마음에 떠올라도 내버려두라. 딱히 집중하려 애쓰지도 말고, 주변 소음을 제어하려 하지도 말고, 모든 것을 있는 그대로 놔두는 것, 그것이 바로 선이다. 온갖 생각이 마음을 스치고 지나가 고요가 드러날 때 진정 행복하고 평안하다 느낄 수 있다면 선정에 든 것이고, 그 마음을 일상의 삶에서도 줄곧 써먹을 수 있다면 평상심시도를 이룬 것이다.

◆ ◆ ◆

조카가 약혼하면서 집안의 가장 큰어른인 내가 덕담을 하게 됐다. 따로 거창한 말을 하기보다 "첫 마음을 잘 지키라"고 당부했다. 뜨거운 지루함, 참을 수 없는 권태는 '첫 마음(초심)'을 잃어버렸을 때 생긴다. 누구나 처음에는 사랑의 불꽃이 튀어 황홀하지만 익숙해지면 금세 서로가 지루해진다. 서로 익숙해져 소 닭 보듯 한다. '청량함'을 잊어버린, 그냥 '지루함'이 돼버리는 것이다.

누구나 첫 마음에는 서로에 대한 호기심도 있고, 부끄러움도 있고, 그래서 관계의 무한한 가능성이 있다. 사랑이란, 상대를 영원한 탐구의 대상으로 볼 때 지속된다. 일상의 순간순간 상대에게 신비한 기쁨을 느낀다면 사랑의 불꽃은 꺼지지 않는다. 마찬가지로 삶에서도 일상의 순간순간을 충만하게 살아내다 보면 행복의 불꽃은 꺼지지 않을 것이다. 그래서 행복의 길은 이미 우리 안에 있다. 밖에서 찾지 말고 안에서 찾으라.

일 외에 즐기는 것
하나를 꼭 만들어라

　회사 앞에서 아내와 만나 남산을 한 바퀴 돌아 집까지 걸어왔다. 코로나19 때문에 한때는 바깥 산책도 자제해야 했다. 서예와 독서 외에는 가끔 골프를 즐기는 정도가 취미라면 취미라, 가벼운 산책이나 등산도 못 하게 되니 답답했다. 일찌감치 일 외에 취미를 몇 가지 더 만들어 둘 걸 하는 아쉬움이 컸다.

　다시 생을 살게 된다면 두 가지는 꼭 해 보고 싶다. 하나는 악기를 하나 다루는 것이고, 다른 하나는 말을 타는 것이다. 세계적 연주가들의 공연을 볼 때마다 듣는 즐거움도 크지만 직접 연주하는 즐거움은 얼마나 클까 궁금해진다. 기분이 울적하거나 좋을 때, 가족과 함께 혹은 홀로, 마음을 나누며 혹은 달래며 악기를 연주한다면 인생이 훨씬 풍요로웠을 것 같다.

음악을 들을 땐 주로 클래식을 듣는다. 어렸을 때부터 꾸준히 들어왔다. 차분히 음악에 집중하면 쌓인 번민들이 가라앉는다. 선곡은 그때그때 기분에 따라 달라지지만 언제 들어도 좋고, 무엇을 들을까 고민 없이 선택하는 음악은 역시 바흐다. 그중에서도 '6개의 무반주 첼로 모음곡'은 내 일상의 배경음악이다. 한없이 낮게 떨어지는 첼로 선율을 따라 복잡한 마음이 절로 가라앉는다. 바르셀로나 음악원에 다니던 열세 살의 파블로 카잘스가 고서점에서 우연히 필사 악보를 발견하며 세상에 알려졌다는 사연으로도 특별한 곡이다.

겨울이 오는 문턱의 스산한 날씨에는 슈베르트의 '겨울 나그네'를 듣는다. 우리 부부가 제일 사랑하는 성악가는 피셔 디스카우다. 지금도 그의 육성으로 듣지 못한 것을 아쉬워한다. 그저 눈을 감고 듣기만 해도 귀를 통해 마음이 치유되는데, 직접 곡을 부르거나 연주하면 얼마나 대단할지 싶다.

중국 덩샤오핑 주석은 자신의 후계자로 주룽지와 장쩌민을 두고 마지막까지 고민하다 장쩌민을 택했다고 들었다. 경제 전문가인 '포청천' 주룽지를 제치고 장쩌민에게 주석 자리를 물려줬다. 둘 다 능력은 출중했으나 장쩌민이 악기를 다룰 수 있을 정도로 음악에 조예가 깊은 것을 높이 샀다는 말을 들었다. 한 나라의 일인자는 정치적 지도력뿐 아니라 예술을 즐길 정도로 마음에 여유가 있고 공감 능력이 있어야 한다고 본 것이다. 예술을 아는 사람이 융통성 있고 유연한 법이다. 덩샤오핑은 주석 자리를 넘겨주며 그 점을 높이 샀다.

◆ ◈ ◆

가끔 골프를 나가는 걸 빼고 나면 스포츠와는 그다지 연이 없는데, 처음 해외에 갔을 때 영미의 엘리트 학교에 체육 시간이 아주 많은 게 인상적이었다. 사춘기 남자아이들이 운동을 통해 에너지를 발산하도록 유도하는 측면도 있지만, 스포츠를 통해 협동과 리더십을 키우는 걸 중시했다. 그런데 각종 스포츠 종주국인 영국은 식민지 인도인들의 신체 활동과 군사훈련을 통제했다. 몸이 아니라 말로만 싸우게 하고, 운동을 통해 리더십이 형성되고 협동하면서 저항의 싹이 트는 것을 막아버린 것이다. 인도 학교에서 체육이 정규 교과로 채택된 것도 식민 시대 말기에 와서였다. 제국주의 국가의 이면인데, 그만큼 스포츠가 중요하다는 얘기겠다.

몇 번 말에 올랐다가 겁이 나 포기했지만, 말타기는 그야말로 호연지기를 길러준다. 이 때문에 옛 우리 지도층에게 말타기는 필수 과목이었다. 조선 초기까지만 해도 남녀 할 것 없이 말을 타고 다녔다. 말타기는 단순한 이동 수단만은 아니다. 말과 하나 되어 바람을 가르는 경험은 인간과 자연을 하나로 만들게 할 뿐만 아니라 강건한 신체를 기르는 데도 도움이 된다.

　말에 오르면 시야가 넓어진다. 자연 속을 달리니 굳센 기상이 생기고 몸이 건강해진다. 인간에게는 문무의 균형이 중요한데, 우리 민족이 말에서 내려오면서 지나치게 문으로 쏠렸고, 그러면서 우리 민족의 약체기도 시작됐다고 생각한다. 실사보다 관념이 앞서고 지식인들이 관념 투쟁에 몰두하면서 나라의 운명도 위기에 처했다. 한 개인 안에서도 관념에 치우친 자아를 조금이나마 교정할 수 있는 것이 예술과 스포츠다. 나 역시 일찌감치 책을 조금 덜 보고 말을 탔으면 훨씬 좋았을 거라고 생각한다.

　사람에게 공평한 것은 하루 24시간이다. 하루를 일하는 8시간, 잠자는 8시간, 나머지 8시간으로 3등분을 하자면, 일하고 잠자는 시간을 뺀 나머지 8시간을 어떻게 보내느냐에 따라 삶의 질이 달라진다. 이 3분의 1이 개인의 행복과 직결된 시간이다. 노동 시간이 너무 길어서 이 시간이 줄어들거나, 직장과 집이 너무 멀어서 출퇴근에 많은 시간을 빼앗기거나, 그나마 이 시간에조차 걱정, 근심으로 마음이 어지럽다면 행복도는 떨어진다. 좋은 사회는 개인에게 이 8시간을 온전히 보전해 주는 사회다.

　너무 급격한 변화가 아니라면, 수입은 보장하고 법정 노동 시간은 꾸준히 줄여서 행복을 위한 시간을 늘려주는 것이 필요하다. 또 주변을 보면 먹고살 만하고 여유가 있는데도 일에서 벗어나지 못하는 일 중독자들이 많다. 이런 사람들은 행복을 누릴 만한 순간이 와도 즐길 줄 아는 것이 없고, 즐기는 방법을 몰라 당황해한다.

우리 세대는 무조건 일 중심으로 살았다. 아버지 세대도 마찬가지였다. 아버지는 젊은 시절 밤낮을 가리지 않고 일했고, 마지막까지 일에 파묻혀 바쁘게 살다 돌아가셨다. 그래도 나중에는 예술도 즐기고 여유 있는 삶을 살았으면 좋았을 텐데 아쉽다고 하셨다. 학창 시절에는 소설가를 꿈꾸고 바이올린을 배우기도 했지만, 어려운 집안 환경에서 벗어나기 위해 법률가의 길을 택할 수밖에 없었다. 그 시대 가장들의 선택이 다 그랬다.

이제 내가 노년이 돼 아이들에게 대부분의 일을 물려주고 나니 아버지 말씀이 자주 떠오른다. 하지만 이제 드디어 여유가 생겼다고 좋아하면서도 아직도 할 일을 더 찾는 나를 발견하게 된다. 내가 필요한 곳에서 평생 일에 흠뻑 빠져 살았기에 넘쳐나는 시간을 어떻게 써야 할지 막막할 때도 있다. 요즘 MZ세대들은 다르겠지만 50대 이상에서 일 잘하는 사람은 많아도 잘 노는 사람, 잘 즐길 줄 아는 사람은 별로 없는 게 사실이다.

외국은 다르다. 큰 성공을 거둔 이들에게는 제각각 오랫동안 쌓아 온 즐길 거리가 있다. 구글 창업자 세르게이 브린은 스카이다이빙, 롤러 하키, 스노보드 등 익스트림 스포츠를 즐긴다. 빌 게이츠는 브리지 게임의 고수이자 테니스광이다. 빌 게이츠의 브리지 게임 파트너로 유명한 워런 버핏은 수십 년 동안 하와이 민속악기 우쿨렐레에 푹 빠졌다. 수준급 연주자로 회사 주총 회장에서 실력을 뽐내기도 했다. 연주하며 자선 활동을 하고, 아이들에게 악기를 나눠주기도 했다. "음악의 정신은 소유에 있지 않고 공유, 나눔에 있다." 버핏의 말이다. 오라클의 최고경영자인 래리 엘리슨은 스물두 살 때 항해술을 배워서 50년 가까이 요트 여행을 즐기고 있다. 메타 최고경영자 마크 저커버그는 사냥과 요리를 즐긴다. 페이스북에 자기가 한 요리를 선보이기도 한다.

◆ ◆ ◆

왜 이렇게 예술 활동이 중요할까. 예술 활동은 몰입의 기회를 준다. '몰입의 즐거움'을 설파하는 심리학자 미하이 칙센트미하이가 말하듯, 몰입은 삶에 행복을 가져다주는 중요한 경험이다. 이것은 경험해 본 사람만이 아는 삶의 비밀이다. 명상을 통해서도 몰입할 수 있지만, 붓글씨를 쓰고 운동을 하고 악기를 연주하면서도 몰입을 경험할 수 있다.

말레이시아 건국의 아버지 툰쿠 압둘 라만 총리는 말 사랑이 남달랐다. 승마 등 스포츠를 즐겼는데, 종신 총리도 할 수 있었으나 마음껏 말을 타고 싶어서 일체 권력을 내려놓았다. 권력 대신 말과 함께하는 여생을 택한 것이다. 이처럼 즐길 것이 있는 사람은 돈과 명예, 권력 등 세속의 것에 과도하게 집착하지 않을 수 있다. 끝까지 악착같이 부여잡기보다 내려놓고 돌아서는 의연한 모습을 보일 수 있다. 문장가였던 처칠은 프로 화가 못잖게 미술 실력이 빼어났고, 부침이 심했던 정치 역정을 그림 그리기로 달랬다.

　슈뢰더 전 독일 총리는 유복자로 태어나 청소부인 어머니와 함께 가난한 환경에서 자랐다. 당연히 문화 예술을 제대로 즐길 틈이 없었다. 그러나 그는 문화적 소양이 부족함을 숨기지 않고, 끊임없이 식견을 쌓기 위해 노력했다. 총리가 된 후에 전 세계를 다닐 때는 항상 문화인들과 동행했다. 어느 날 나와 함께 식사하는데, "나는 가난하게 자랐고, 그래서 문화생활을 하지 못했다. 그러나 어떤가, 지금이라도 배우면 되는데"라고 말했다. 그 솔직함에 큰 감명을 받았다. 자기 인생에서 환경 때문에 결핍된 것을 나중에라도 배우고 채운 인물이다.

　가난한 가정 환경 때문에 직업학교를 다니며 신문팔이 등을 하던 슈뢰더는 뒤늦게 법대에 진학해서 변호사가 되고 정계에 입문했다. 그의 어머니는 아들이 주총리가 된 다음에도 하던 청소 일을 계속했다. 아들만큼이나 대단한 어머니다. 어느 날 우연히 집주인에게 "우리 아들이 주총리"라고 말하니 믿지 않았고, 결국 전화를 걸어 확인시켜 줬다는 일화도 그에게 들었다. 슈뢰더는 출신 배경과 달리 부자들을 미워하거나 적대시하지 않았는데, 그 점도 큰 인물다웠다.

예술을 취미로 두라, 좋아하는 스포츠를 만들어라, 이런 얘기를 하면 아마도 그러고 싶지만 여유가 없다는 말이 돌아올 것이다. 요즘은 성인들뿐 아니라 아이들까지 "바쁘다 바빠"를 외치는 세상이니 그럴 만도 하다. 그러나 여유란 아무리 바쁜 가운데에서도 만들 수 있는 것이다. 아니 바쁘게 살수록 필요한 것이다. 금전적 여유, 시간적 여유를 따지기 전에 지금 나를 설레게 하는 것은 무엇인가, 먼 훗날 은퇴 후 나는 무엇을 하며 살아갈까를 미리 생각할 필요가 있다. 기왕이면 한 살이라도 어릴 때 창조적 예술 활동을 익히는 게 좋지만, 늦은 나이란 없다.

인생에 일 외에 즐기는 것 하나를 꼭 만들어라. 몰입을 통해 인생이 풍요로워지고, 팽팽히 당겨진 삶에 여유를 더해 일에서도 더 많은 성취를 할 수 있다.

복을 아끼고 짓는 마음

익산의 어머니 묘소를 다녀왔다. 장인, 장모를 모신 대전 현충원에도 들렀다. 마음속 스승으로 모시는 원불교 대산 상사님은 '비닐하우스의 성자'라 불렸다. 어머니 유택 근처에 있는 비닐하우스에서 살았기에 붙은 이름이다. 궁금한 마음에 들러 보니 원불교에서 기념 시설로 조성해 두었다.

대산 상사님은 전라도 진안의 천석꾼 아들로 태어났다. 어려서부터 몸이 아주 약했는데, 소태산 대종사께서 살피신 후 "너는 내 옆에 와 있어라" 하여 원불교에 들어섰다. 원불교 최고 지위인 종법사가 되신 후에도 평생 따로 거처를 두지 않고, 비닐하우스에서 살다가 세상을 떠났다. 맨발에 누더기를 걸친 아시시의 성자 성 프란치스코처럼 대산 상사님 역시 자신에게는 한 푼을 아끼고 남에게는 기꺼이 베풀면서 평생을 검소하게 살았다.

석복(惜福), '복을 아낀다'라는 말이 있다. 세상 모든 것은 인과로 이루어지니, 복이란 짓지 않고는 받을 수 없다. 작복(作福), '복을 짓는' 게 먼저다. 복이란 남이 가져다주는 게 아니라 자기가 복을 지어서 자기가 받는 법이다. 게다가 복은 은행 잔액과 비슷해서 틈날 때마다 잘 지어 두지 않으면, 나중에 쉽게 바닥난다. 새해 인사로 보통 '복 많이 받으세요'라고 하지만 불자들은 '복 많이 지으세요'라고 한다. 이 원리를 믿기 때문이다.

어떤 선한 사람이 인생 초년에 일이 안 풀리다가 후년에 가서야 업적을 이룩했다고 하자. 인과법에 따르면 그가 처음에 고생한 것은 전생의 말년에 복을 짓지 못한 탓이고, 나중에 잘된 것은 초년에 잘 지은 복을 돌려받았기 때문이라고 생각한다. 반대로 못된 사람 중에 잘사는 사람이 있다면 그것은 전생에 복을 지은 결과이고, 이생에 쌓은 악업은 다음 생에서라도 돌려받게 된다고 본다. 인과의 그물은 촘촘해서 세상 어떤 존재도 자기가 지은 업에서 벗어날 수 없다.

요즈음 식으로 고쳐 말하면 인간은 누구나 인생 성적표가 담긴 USB 저장 장치를 지닌다. 이 저장소는 한 번 기록되면 절대 지워지지 않는 데다, 설령 부처라 할지라도 고쳐 줄 수 없다.

오직 자신의 행위를 통해서만 기록의 출력값을 바꿀 수 있다. 수행을 통해 좋은 업을 지어서 쌓고, 나쁜 업은 받아서 씻어낼 수 있다. 성경 구절처럼 뿌린 대로 거두는 법이다.

그래서일까 오랜 부자들은 복을 아껴 쓴다. 무엇보다 돈이 많으면서도 짜게 느껴질 정도로 검소하다. 벼락부자들과 달리 자동차나 집에 대해 호사 부리는 걸 무척 절제한다. 어머니도 무척 검소하셨다. 쌀 한 톨 버리지 않았고, 푼돈도 허투루 쓰지 않았다. 이병철 회장께서 화장용 티슈 한 장을 반으로 잘라 쓰시는 모습을 보고 놀란 적도 있다. 검약이 습관을 넘어 가치관으로 몸에 밴 것이다.

당대 세계 제일의 부자였던 록펠러 회장도 복을 아꼈다. 사실인지 확인할 길은 없지만 떠도는 일화가 있다. 록펠러는 호텔의 작은 방에서 묵곤 했다. 어느 날 그를 알아본 종업원이 물었다. "아니, 왜 당신 같은 사람이 이런 방을 찾아요? 당신 아들은 늘 이 호텔에서 가장 좋은 방을 쓰는데!" 록펠러가 답했다. "아, 그 녀석은 부자 아버지가 있잖소. 나에게는 부자 아버지가 없고." 이것이 부자의 참모습이다.

물론 복을 아끼는 것과 인색한 것은 다르다. 자기 자신에게는 절제하지만, 타인을 위해서는 필요할 때 베풀 수 있는 것이 복을 짓는 비결이다.

인간의 의식은 창고와 같다. 우리가 살아가는 하루하루가 쌓여 이 창고를 채운다. 이 창고를 무엇으로 채우는가는 우리의 행위에 달려 있다. 나만을 위해 살기보다 남을 위해 좋은 일을 하면 복이 쌓일 것이고, 이기적인 행동으로 누군가에게 상처를 주고 나 자신까지 괴롭힌다면 화가 쌓일 것이다. 이 창고에 쌓인 씨앗은 당대에 그치지 않고 후대로 이어간다.

그리 많은 걸 갖지 않았는데도 기꺼이 나누고 행복해하는 이들을 가끔 볼 때가 있다. 타고나기를 선한 사람들로, 존경할 수밖에 없다. 보통 선하게 살려는 사람들도 베푸는 일에 대해서는 '나중에 여유가 더 생기면 해야지'라며 뒤로 미룬다. 그러나 여유가 생기면 더 아까워져 못하는 게 베풂이다. 탐욕스러운 부자들 속성을 질타하는 이런 말도 있다. "너 한 섬 가졌냐? 난 아흔아홉 섬 가졌으니까 이리 가져와라, 내 것 백으로 채우자." 오죽하면 옛날에는 예수를 부인하지 못해 돌 맞는 것이 순교였지만 요즘에는 가진 것을 모두 내놓는 것이 순교라는 우스갯소리가 있을까. 사람의 욕망은 끝이 없는 법이다.

내게 복 짓는 법을, 베푸는 즐거움을 가르치신 분은 어머니였다. 어머니는 평생 검소하게 사셨다. 아버지 수입이 적지는 않았으나, 어려서부터 습성이 배어 당신에게는 한없이 아끼셨다. 자식들에게도 필요한 것 이상은 절대 욕심부리지 못하게 하셨다. 그러나 남을 도울 일이 있거나 중요한 일에 쓸 때는 금액을 따지지 않고 아낌없이 내놓게 하셨다. 돌아가시기 전까지 자식들에게, 도움이 필요한 곳이 있으니 이만큼 내놓으라고 하시면 우리는 그 쓰임을 묻지 않고 주머니를 열었다. 처음에는 아깝다는 철없는 마음이 들기도 했으나, 이제 와 생각하니 부족한 내가 몸으로 베풂을 익히고 덕을 쌓도록 도와주신 것이다.

어머니의 간절한 청을 이기지 못하고 베풂을 행하다 보니 어느새 내 한계를 훌쩍 넘어설 줄 알게 되었다. 어머니는 일단 베푸는 마음을 먹었으면 생색을 내지 말고, 손이 커야 한다는 것을 강조하셨다. 수입의 10분의 1은 반드시 좋은 일에 쓴다는 원칙을 지키려고 노력하는데, 어머니를 좇아 꾸준히 기부 활동을 하면서 저절로 배운 것이다.

이타행을 실천하는 마음은 부모가 자식에게 줄 수 있는 큰 유산이다. 오늘날 내가 이만큼 사는 것도 전부 어머님 손 좇아 지은 복 덕분이라고 여긴다. 이렇게 베풂을 알고 선을 쌓는 일을 행하도록 이끌어주신 어머니가 나이 들수록 사무치게 고맙다.

베풂이라는 게 처음에는 누구나 힘들고 아까운 생각이 드는 게 사실이다. 그러나 나눌 때의 기쁨을 경험하다 보면 습관이 된다. 처음엔 억지로 하다가 나중에는 기꺼이, 즐겁게 하게 된다. 미국 부자들이 학교, 교회, 시민단체 등 공동체를 위해서 내놓는 재산의 규모를 보면 놀라울 정도다. 지상이 아니라 천국에 재산을 쌓는 청교도 전통에서 비롯한 것이다.

반면 우리나라는 아직 부자들의 자선 문화가 활발하지 못하다. 죽기 전에, 그것도 재산을 물려줄 자식이 없을 때에야 기부하는 경우도 많다. 법의 한도 안에서 누구나 최대한 자유롭게 재산을 불리되, 늘어난 재산은 기부라는 형태로 사회에 돌아가게 하는 게 내가 생각하는 건강한 사회다. 돈을 많이 버는 걸 규제할 게 아니라 많이 번 사람이 많이 내놓게 해야 한다. 워런 버핏도 말했지만 버는 걸 규제하면 일하는 즐거움과 활력이 사라진다. 차라리 많이 벌게 하되, 우러나서 내놓게 해야 한다.

그런데 이처럼 부자들의 베풂이 중요하다면 가난한 이들은 베풀 수 없고, 복을 지을 수도 없다는 얘기인가. 물론 그렇지 않다. 물질이 부족하다 해서 이타행을 실천할 수 없는 것은 아니다. 따뜻한 말 한마디, 진심이 담긴 웃음, 한 발짝 물러서서 양보하는 미덕도 베풂이다. 타인의 절박한 말을 들어주고 위로를 건네는 행위, 상대부터 먼저 생각하는 마음이 다 베풂이다. 매화가 높은 언덕이 아니라 집 앞 골목에서 피듯이 이타행 역시 먼 곳에 있는 게 아니다. 지금 바로 내 곁에 있는 사람들에게 베푸는 작은 친절 하나가 보시의 시작이다.

붓다와 제자들은 하루 한 끼만 식사하고, 이를 탁발로 해결하면서 소유에 대한 집착을 버리고 깨달음을 구하는 수행을 했다. 어느 날 붓다와 제자들이 탁발에 나섰다. 붓다는 부자와 가난한 이를 가리지 않고 골고루 일곱 집을 찾았다. 붓다의 수

제자인 가섭은 가난한 집만 골라서 가고, 지혜로 이름 높은 수보리는 부잣집만 골라서 갔다. 붓다가 이유를 물었다. 가섭은 가난한 사람에게도 베풀 기회를 주려고 했다고 답했다. 가난한 사람은 가진 것이 없어 베풀 기회가 적으니 그들도 복을 짓게 기회를 준 것이다. 수보리는 부자들이 베푸는 마음을 잊지 않게 하려고 했다고 답했다. 재산이 많을수록 더 가지려 하고 나누는 마음이 적어지기 마련임을 생각한 것이다. 둘 다 옳다. 어느 쪽이든 타인에게 베푸는 일이 복을 짓는 참된 길임을 전하는 일화다.

  복을 짓고, 복을 아끼는 일은 쉽지 않지만 누구나 꾸준히 노력하면 마음의 창고를 좋은 씨앗으로 채울 수 있다. 어머니의 가르침에도 베푸는 삶을 진심으로 받아들이기까지 적잖은 시간이 걸렸다. 우리 청년들은 하루라도 빨리 깨어나 열렬히 복 짓는 일을 했으면 좋겠다. 그래야 삶이 바뀌는 기적이 일어난다. 지금같이 양극화가 심해진 우리 사회에 더불어 사는 훈훈한 기운이 흘러넘치게 될 것이다. 나도 기회 닿는 대로 이런 마음을 품은 젊은이들과 함께하고 싶다.

자기 바깥에서
행복을 찾는 사람은 불행하다

　최근 가장 행복했던 때가 언제인가? 이런 질문을 받으면 머뭇거려지는 이가 많을 것이다. 세상 사람들은 모두 행복을 꿈꾸지만, 행복하기란 말처럼 쉽지 않다. 당장 지나가는 사람의 얼굴을 쳐다만 봐도 알 수 있다. 행복한 얼굴이 있는가. 대통령처럼 힘 있는 사람도, 대기업 총수처럼 돈이 많은 사람도, 연예인처럼 인기 있는 사람도 마냥 행복한 것은 아니다. 어쩌면 누구나 행복을 추구하나, 누구도 행복하지 않은 세상이 우리가 사는 세상일지 모른다.
　SNS에는 결핍이나 좌절 없이 빛나고 행복한 순간이 넘쳐나지만, 그것도 진짜 행복은 아니다. 자신의 일상 중 행복한 순간만을 잘라내 보여주는 것이니 말이다. 타인의 행복한 SNS를 들여다보는 사람들은 그들대로 위화감을 느끼고, 자신의 초라한 일상과 비교해 좌절이 깊어진다. 남과 비교하니 점점 더 불만이 커진다. 요즘 젊은 세대가 그 어느 때보다 심리적 우울과 불안에 많이 시달리는 이유다. 게다가 우리나라는 이미 수년간 OECD(경제협력개발기구) 최고 자살률 국가 자리를 지키고 있다. 모두가 마음에 병이 들고, 행복하지 않은 것이다.

행복에 대해 인상적으로 읽은 책이 『달라이 라마의 행복론』이다. 달라이 라마가 미국의 정신과 의사와 행복을 주제로 대담한 책이다. 여기서 달라이 라마는 세상 모든 사람이 행복을 바라면서도 정작 행복에 이르는 방법은 전혀 모른다며 행복의 기술에 대해 말해준다.

티베트 망명정부를 이끄는 달라이 라마는 1950년대 말 젊은 나이에 중국의 침공으로 나라를 잃고, 히말라야 북부의 한 마을에서 망명 생활을 시작했다. 고통스럽고 절망적인 나날이었다. 그때 사람들이 달라이 라마에게 물었다. "당신은 행복합니까?" 그는 한순간의 망설임 없이 답했다. "네. 행복합니다."

어떻게 그럴 수 있을까. 달라이 라마는 이 책에서 사람은 외적 어려움에 처해도 내적으로는 얼마든지 행복할 수 있다고 강조한다. 그가 말하는 행복의 기술은 단순하다. "행복의 기술은 진정한 행복이 어디서 오는가를 이해하고, 살아가면서 그

것을 키우는 일에 관심을 품는 일에서 시작된다. 그것은 내적인 수련을 통해서 파괴적 생각을 뿌리 뽑고 차츰차츰 친절, 관용, 용서 같은 긍정적이고 건강한 마음을 찾는 일이기도 하다."

가령 아우슈비츠 수용소의 공포와 굶주림 속에서 속절없이 학살당한 유대인 중에서도 자기 삶에서 어떤 목적과 의미를 발견한 이들은 행복을 느꼈다고 한다. 이처럼 마음은 지옥 같은 불행 가운데에서도 행복을 만들어 내는 힘이 있다.

물론 외적 조건에 따라 사람들은 행복해지기도 한다. 갑자기 큰돈이 생긴다거나, 좋은 물건을 얻으면 행복하다. 그러나 이런 행복은 일시적이다. 돈이 사라지면, 좋은 물건에 익숙해지면 더 이상 행복하지 않다. 돈이 많아서 행복하고, 미인을 얻어서 행복하고, 자식이 공부를 잘해서 행복하다면 그 외적 조건이 사라지는 순간 더 이상 행복하지 않다. 그걸 진짜 행복이라고 할 수 있을까. 이처럼 어딘가에 의지하는 행복은 조건부, 시한부 행복이다. 진짜 행복은 외적 조건에 좌우되지 않는 '조건 없는 행복' '이유 없는 행복'이다. 그래야만 행복의 샘물이 마르지 않고 남에게도 행복의 샘물을 퍼줄 수 있다.

흔히 부나 권력이 있거나 지위가 높으면 행복하리라고 생각한다. 나 역시 오랫동안 그런 것들에서 행복을 찾아왔다. 그러나 나이가 들수록 절실히 깨닫는 것은 그 안에는 영원한 행복이 없다는 점이다. 이런 것들을 손에 쥘수록 행복하다면 왜 남들보다 월등히 많은 것을 가진 재벌이나 권력자, 인기를 누리는 유명인들이 우울과 불행감에 시달리고 극단적 선택에 내몰리겠는가.

세상 전체를 소유해도 마음을 채울 수는 없다. 이루고 싶은 것을 다 이루어도 마음은 여전히 허전하다. 마음은 항상 이 모든 것보다 크고 넓고 깊기 때문이다. 마음은 물질로는 가득 차지 않는다. 마음을 채울 수 있는 것은 내면에서 솟아나는 환희의 샘물뿐이다. 그런데 그 기쁨의 물방울은 물질적 성취보다 타인의 고통에 공감하면서 베푸는 순간에 더 많이 채워진다. 가지는 것이 아니라 나눌 때 진짜 기쁨이 샘솟는 것이다. 자신에게 부와 권력, 높은 지위가 주어진 것을 더 많은 사람에게 베풀라는 뜻으로 받아들이고 이를 지혜롭게 잘 실천하면 마음은 행복으로 충만해진다. 많이 가졌는데도 행복하지 않다면 그건 남에게 베푸는 실천을 하지 않았기 때문이다.

이 책에서 달라이 라마는 행복해지려면 내면의 파괴적 생각을 뿌리 뽑고 긍정적이고 건강한 마음을 찾으라고 했다. 그리고 "오직 남에게 친절하라"고 강조했다. 그 긍정적이고 건강한 마음의 핵심은 자비심, "친절, 관용, 용서"의 다른 이름이다. 자비란 자(慈), 즉 '너에 대한 사랑'이고 비(悲), 즉 '너의 아픔에 대한 공감'이다.

자비에는 두 차원이 있다. 첫째는 마치 어머니가 아이를 사랑하는 것과 같은, 별도의 훈련이나 교육이 필요 없는 자연발생적 자비다. 그러나 이런 자비는 상대의 태도에 따라 한순간 미움이나 원망으로 돌변할 수 있다. 상대에게 보상을 바라거나 집착하기도 한다. 가족에게는 한없이 자비롭지만 타인에게는 차별과 멸시를 일삼는 사람도 많다.

두 번째 자비는 타인에 대한 이해와 존중에 뿌리를 둔 자비다. 이런 자비는 상대방 태도에 좌우되지 않고, 남도 나와 똑같이 귀한 존재로 여긴다. 나와 네가 존재의 밑바탕에서 서로 이어져 있음을 깨달아, 나의 기쁨이 다른 사람의 슬픔이 되지 않게 하고, 나의 고통이 다른 사람의 기쁨을 망치지 않도록 헤아리는 마음이다. 성경도 같은 가르침을 전한다. "네 이웃을 네 몸과 같이 사랑하라." 그럴 때에야 비로소 다른 어떤 것에도 흔들리지 않는 진정한, 마르지 않는 행복감이 마음에 치솟는다.

많은 종교가 자비와 베풂을 실천하는 방안으로 '무소유'를 얘기한다. 무소유는 가진 걸 다 버리라는 게 아니라 '가진 채로 버리라', 집착하지 말라는 의미다. 가지는 것에 집착 말고, 가진 것의 많고 적음에도 집착 말고, 많든 적든 나누는 마음을 가지라는 의미다. 살면서 얻게 된 것들을 애당초 내 것으로 생각지 않는다면 나누는 일이 당연하게 여겨진다. 더 필요한 사람에게 내어주기 위해 잠시 내 손을 거치는 중이라 생각하면 집착할 일도, 후회할 일도 없다. 물질만이 아니라 시간과 몸으로 봉사하는 것, 이웃에 건네는 따듯한 말과 환한 미소도 나눔이다. 고통받는 사람과 함께 있어주고 그 사연을 들어주는 일도 훌륭한 나눔이다.

  약간이라도 내 손에 쥐려는 이기심과 아낌없이 베풀려는 이타심을 조화시키는 길을 찾아내는 게 속세 사람이 행복해지는 방법이다. 행복을 자기 밖에서 찾으려 하면 결코 행복해지지 못한다. 움켜쥐려고 할수록 멀어진다. 행복은 내 안에, 그것도 타인과 나누고 베풀려는 마음 안에 있다. 다시 달라이 라마를 생각한다. 오직 "남에게 친절하라."

왜 내가 가진 것을
나누어야 하는가

요즘 아이들에게 장래 희망을 물으면 '건물주'라고 답하는 경우가 있다는 얘기를 들었다. 웃자고 하는 얘기겠지만, 우리 사회에 만연한 물질만능주의의 일단을 보는 것 같아 안타깝다. 부에 대한 숭상이 우리 사회 최고의 가치가 된 지 오래다. "돈 많은 게 최고"라는 식의 말도 거리낌없이 한다. 어디서든 '돈, 돈' 하는 사회다.

물론 사람은 물질을 초월해 살아갈 수 없다. 경제적 이유 때문에 젊은이들이 결혼이나 출산을 미루는 것은 너무나 안타까운 현실이다. 쌀독이 비는 것마저 즐기는 마음은 수양 높은 공자의 수제자 안연 같은 사람만 가능할 뿐, 보통 사람은 쌀독이 비면 마음도 무너진다. 아무리 행복이 마음에 달려 있다고 해도, 물질적 요건이 어느 정도 충족되지 않으면 먹고사는 일에 얽매여 인간은 불행해진다. 떳떳한 생업이 없으면 떳떳한 마음이 없어지고, 떳떳한 마음이 없어지면 방탕하고 편벽하며 사악해진다고 했다. 일정한 부를 통해서 삶이 안정되지 않으면 바른 마음을 견지하기 어려운 것이 현실이다.

그러나 물질이 중요한 것과 물질이 전부인 것은 다르다. 물질에 대한 욕망을 인정하는 것과 물질의 노예가 되는 것은 다르다. 더 많은 물질이 더 많은 행복을 가져오는 것도 아니다.

1974년 미국의 경제학자 리처드 이스털린은 일정 수준까지는 부가 행복을 늘리지만 이후에는 행복을 더 늘리지 못함을 증명해 냈다. 부와 행복의 정비례가 깨지는 임계점은 개인의 가치관이나 사회의 문화적 전통에 따라 달랐으나, 부의 증가는 '일정 정도까지만' 행복의 증진에 도움이 됐다. 선인들이 부와 권력을 멀리하라 경계한 것도 일정 수준 이상의 부는 행복을 늘리지 못한다는 것을 꿰뚫어 보아서가 아닐까.

부나 권력이 커져도 여전히 불만에 사로잡힌 허한 마음은 더욱 큰 부나 권력에 대한 갈망으로 이어진다. 자신이 행복하지 않은 게 부와 권력이 부족해서라고 오판해서다. 작은 부는 큰 부를 탐하게 하고, 큰 부는 더욱더 큰 부를 갈망하게 한다. 권력도 마찬가지다. 그러니 부와 권력은 절대 충족되지 않는다.

충족을 모른다.

부나 권력에 대한 갈망은 목이 마를 때 소금물을 들이켜는 것과 같다. 마실수록 목이 타고 갈증이 커져 더 많은 물이 필요하다. 처음엔 명품 가방이 탐나지만, 나중엔 온몸을 명품으로 꾸미고 싶어진다. 처음엔 하나면 만족할 것 같았으나 나중엔 열 개, 백 개를 가져도 더 가지고 싶다. 성공도 마찬가지다. 작은 성공은 점점 더 큰 성공에 대한 갈망으로 이어진다. 갈망은 두려움도 불러온다. 갖고 싶은 것을 다 갖지 못할까 두려워지고, 가진 것을 빼앗길지 모른다는 공포에 시달린다. 이게 강박으로까지 이어지면 자신에게 더 많은 부와 권력을 허락하지 않는 세상을 원망하고 분노하게 된다. 나도 젊은 시절에는 더 많이 가진 삶, 더 높이 올라간 삶을 성공이라 여기기도 했다. 그러나 이 나이가 돼보니 많은 것을 가졌다고 행복한 것도 아니고 아무것도 가지지 않았다 해서 불행한 것도 아니다. 가지지 못하면 여유를 잃게 되고, 많이 가지면 욕심으로 행복을 잃게 된다. 성공적인 인생은 성공의 기준을 제대로 세우는 데서 출발하는 게 아닐까 한다.

"성공의 척도는 부와 권력도 아니고, 반대로 부와 권력을 버리는 것도 아니다." 강연에서 내가 자주 하는 말이다. 누구나 성공(成功)을 바란다. 그러나 인생 한살이에서 공(功)을 이루는 일(成)은 무척 어렵다. 일단 무엇이 공인지 알기 어렵고, 알아도 얻기 어렵고, 얻더라도 지키기 어려워서다. 아니, 엄밀히 말하면 부와 권력은 성공의 척도조차 될 수 없는 것이다. 공은 반드시 덕과 이어져 '공덕(功德)'의 형태로 존재해야 하는데, 부나 권력은 그 자체로는 덕과 아무런 관련도 없다. 부와 권력을 이루는 과정은 오히려 원망과 원한을 쌓기 쉬워 덕의 생장을 방해하기 쉽다.

부와 권력을 이루었더라도 부와 권력이 필요했던 의미를 잊으면 마음은 헛헛하다. 이 때문에 많은 이들이 부와 권력을 손에 쥐고도 공허에 시달린다. 어느 정도 부나 재산을 쌓고 나면 그때부터는 더 쌓는 것보다 이미 가진 것을 잘 쓰려는 마음이 중요하다. 나눔과 베풂이야말로 인생의 진정한 성공, 즉 공덕을 이루는 일이다.

나눔을 모르면 형제자매 사이도 원수가 되기 쉽다. 재벌이나 성공한 이들 중에 가족끼리 꼴불견 재산 분쟁으로 세간의 비웃음을 사고, 서로 더 가지려고 다투다 함께 나락으로 떨어지는 경우를 종종 본다. 오죽하면 '진짜 미운 사람이 있으면 형제들에게 나눌 수 없는 재산을 주라, 그러면 거기가 지옥'이라는 말이 있을까.

우리 식구들은 아버지가 갑작스레 돌아가시기 직전까지 집에 재산이 얼마인지 몰랐다. 자칫 분쟁이 날 수도 있었으나 여섯 남매가 잘 화합해 상속과 분배를 이뤘다. 이건희 회장은 처남인 내게 늘 말했다. "장남은 둘 중 하나가 되어야 한다. 바보가 되거나 훌륭한 사람이 되거나. 그런데 너희 집에는 똑똑한 사람이 많고 너는 바보가 될 수는 없으니 훌륭한 장남이 되어야 한다. 그것이 네 숙제다." 물론 우리 집에 분쟁이 없었던 것은 내가 훌륭한 장남이어서가 아니라, 평소 물욕을 멀리하고 나누며 살라 강조하신 어머니 덕분이지만 말이다.

평생 베풂을 강조한 어머니는 누군가를 도울 때는 반드시 자기 힘으로 공덕을 쌓고, 절대 뒤로 미루지 말라고 당부하셨다. 그 가르침을 좇아 무언가를 베풀 때 회삿돈이 아닌 내 사재를 터는 데까지 나아간 것을 다행으로 여긴다. 회사 이름으로는 선뜻 큰돈을 내놓지만, 개인 돈은 소액이라도 망설여지는 게 인지상정이다. 그래서 '회삿돈 100원보다 내 주머니 속 10원이 아깝다'는 세간의 우스갯소리가 있는 듯하다.

인생의 진정한 성공과 행복은 쌓여가는 물질에 있지 않다. 남보다 더 가지면 행복하다고 생각하기 쉽지만, 남의 것을 빼앗아 내가 행복해지는 것은 절대 오래 안 간다. 반드시 인과응보가 생겨서 불행한 결과로 되돌아온다. 해생어은(害生於恩), '은혜가 오히려 해악이 된다'라는 말처럼 행복이 오히려 불행이 되는 것이다. 살다 보면 알게 되지만 쉽게 얻은 것, 정당하지 못하게 얻은 것은 틀림없이 대가를 치른다. 로또 맞은 사람이 불행해지는 일이 잦은 것만 봐도 알 수 있다. 부정한 방법으로 재산을 일군 사람 중에 대를 넘겨 부를 지키는 경우를 잘 보지 못했다.

  나 역시 젊은 시절에는 남보다 더 갖고 싶었고, 더 높이 오르고 싶었고, 성공을 갈망하기도 했다. '마음의 불'을 끄지 못해 남을 질시하며 괴로워하기도 했다. 일흔 줄에 들어서야 비로소 '마음의 불'이 잔잔히 잡히는 느낌이다. 나이와 환경이 나를 바꿨고, 10여 년 전부터 명상과 서예로 꾸준히 마음을 다진 덕도 보는 것 같다. 그러나 베푸는 일은 아직도 한참 부족하다. '내게 좋은 일을 행할 때 남에게도 좋은 일인지 생각하라'는 것을 머리로는 받아들이지만, 마음과 몸으로는 흡족하게 행하지 못하고 있다. 요즘 내 삶의 숙제는 남들의 도움을 받아 얻은 것들을 남은 생애 동안 어떻게 잘 쓰고 갈 것인가이다.

  부끄럽지만 아직도 가끔은 약간의 팁이나 수고비를 건넬 때조차 나도 모르게 '덜 주어야 할 합리적 이유'를 찾곤 한다. 여전히 많이 부족하다는 증거다. 다행히 배려에 대해서는 나보다 훨씬 뛰어난 아내가 어머니를 대신해 나를 이끌어 준다. 젊을 때는 어머니 말을 따르고, 나이 들어서는 아내 말을 존중하니, 기쁨이 저절로 찾아온다. 이런 게 남자가 잘 사는 법인가 싶기도 하다.

스승이 있는 삶

 프랑스에서 '유럽의 지성'으로 손꼽히는 자크 아탈리와 교유할 기회가 오래전 있었다. 알제리 출신의 경제학자이자 미래학자인 아탈리는 책상물림이 아니다. 1974년 현실 정치에 뛰어들어 1981년부터 10년간 좌파인 프랑수아 미테랑 대통령의 비서실장 겸 정책보좌관을 지냈고, 2007년에는 우파인 니콜라 사르코지 대통령의 제안을 받아들여 성장촉진위원회 위원장도 맡았다. 그야말로 좌우를 넘나드는 폭넓은 행보다. 오랫동안 중앙일보에서 그의 예지 넘치는 칼럼을 연재한 인연도 있다.
 아탈리의 삶에서 가장 놀라운 것은 저술 능력이다. 대통령을 보좌하는 일이 얼마나 바쁜 자리인가. 그러나 지난 수십 년 동안 아탈리는 깊은 통찰을 담은 책을 무려 50권 넘게 펴냈다. 매일 새벽 4시에 일어나 6시까지 원고를 쓰고 출근해서 보좌관 역할을 성실히 수행했다. 극도의 자기 관리 없이는 불가능한 일이다. 나와 만났을 때 아탈리는 '아시아 시대'를 예언했다. 대륙 문명 시대에는 베이징 같은 내륙 도시가 번영했지만, 오늘날 같은 해양 문명 시대에는 항구 도시가 세계의 중심에 설 것이라면서 부산에 주목했다.

책 『자크 아탈리, 등대』에서 아탈리는 지극히 동양적 질문을 던진다. "당신이 자기 자신이 되려 하는데 모든 것이 그것을 막으려고 단합할 때, 어떻게 자기 자신이 될 수 있을 것인가?" 아탈리는 아무리 바빠도 1년에 일주일은 인도 바라나시를 찾는다. 영혼의 스승을 모시고 영적 대화를 하기 위해서다. '우리 인생에서 자기 자신이 되는 것보다 중요한 일이 어디 있겠는가.' 이는 오랜 수행 과정을 거치면서 아탈리가 품어 온 질문 중 하나인데, 나 역시 이런 질문을 품고 정진해 왔다. 결국 무엇을 위해, 어떻게 살 것인가 하는 질문이다.

세상은 혼란스럽고 어둡기까지 하다. 앞도 잘 보이지 않는다. 캄캄한 밤길을 등불 없이 걷기 힘들 듯 인생의 밤바다에서는 뱃길을 비추는 불빛이 필요하다. 아탈리는 어둠 속에서 자신의 삶을 이끌어 주었던 영적 스승들을 가리켜 '등대'라고 불렀다.

이 책이 소개한 인생 등대들 중 특별히 눈길을 끄는 사람은 간디의 스승인 슈리마드 라즈찬드라다. 서른네 해 짧은 삶을 살고 갔지만 빛나는 궤적을 남긴 인도 시인이다. 젊은 날의 간디는 인생에서 중요한 결정을 할 때마다 그를 찾아가 조언을 구했다. 나이는 자기보다 두 살 위지만, 아탈리가 "신을 마주하는 희망에 사로잡힌 학자"라고 부른 그를 스승으로 대했다. 간디가 서양적 가치와 인도적 가치 사이에서 방황할 때 라즈찬드라는 앞길을 터주고 인생의 등불이 돼 주었다.

세계라는 미망 속에서 한 줄기 빛을 비추는 등대 없이 길을 잃지 않고 올바로 걸어갈 수 있는 사람은 드물다. 누구에게나 인생의 스승이 필요한 이유다. 조선시대에는 당대 최고의 학자들을 왕세자의 선생으로 두어 학문과 인성을 가르쳤고, 왕위에 오른 다음에도 스승으로 모시며 마음의 등불로 삼게 했다. 제왕은 독단에 빠지기 쉬우니 자신을 비추는 등불을 갖게 한 것이다.

역대 일본의 총리들도 모두 스승을 두었다. 현대 일본을 알려면 반드시 이해해야 하는 인물이 야스오카 마사히로다. 양명학자이자 동양사상가인 야스오카는 일본 자민당 보수 본류의 정신적 스승으로서, 일본의 정치사회에 막대한 영향을 끼쳤다.

일본에는 '고이켄반(御意見番)'이라 해서, 높은 지위의 인물에게 기탄없이 직언하는 사람을 가리키는 말이 있다. 야스오카는 요시다 시게루 전 일본 총리의 고이켄반이었다. 요시다보다 무려 스무 살이나 어렸지만, 오랫동안 연구해 온 동양 재상학을 바탕으로 '총리의 나침반 역할'을 했다. 사토 에이사쿠, 후쿠다 다케오, 이케다 하야토, 나카소네 야스히로 등 역대 일본 총리 중에서 그의 가르침을 받지 않은 이가 드물다. 정치적 난제가 있을 때 나이 어린 그에게 의견을 구했다. 말 그대로 일본 정계의 막후이자 스승이었다.

야스오카의 말 중에 가장 인상적인 것은 '심사(心師)', 즉 마음의 스승이란 말이다. 마음의 스승은 동시대의 살아 있는 어른이면 제일 좋다. 언제든 모셔서 식사 한 끼를 하면서 그 지혜를 새겨들을 수 있기 때문이다. 자크 아탈리가 매년 인도로 가서 영혼의 스승을 만나는 것처럼 말이다.

여의치 않으면 종교적 인물이나 역사 속 인물도 마음의 스승으로 삼을 수 있다. 그들이 남긴 말과 글을 열심히 익혀 가르침을 이어받고 중요한 갈림길에서 '그분이라면 어땠을까' 하고 물어보는 것이다. 야스오카는 중국 고전을 인용하면서 사람이 크게 공을 이루고 바른 인생을 살려면 셋은 있어야 한다고 했다. 첫째, 심사. 둘째, 잘못에 대해 충언해 줄 수 있는 친구. 셋째, 조직 안에서 정말 어려울 때 직언하는 부하다. 이 셋을 가졌다면 그의 인생은 실패하지 않을 것이라고 강조했다.

조선시대 왕들이 즐겨 읽었던 『정관정요』에도 왕은 자신의 부족함을 깨닫고 겸손한 자세로 스승과 친구를 곁에 두고 천하에 임하라는 내용이 나온다. '사우(師友)' 정신이다. 여기서 사우는 스승 같은 신하 혹은 친구 같은 신하다. 『정관정요』는 중국 당나라 태종과 신하들의 정치 문답을 정리한 책인데, 핵심 인물이 재상 위징이다. 위징은 태종의 정적이었던 태종 형의 참모로 태종을 강하게 비판하고 견제했던 인물이었다. 그러나 태종은 통 크게 위징을 중용했고, 직언을 수용했다. 그런 소통의 리더십으로 중국사의 황금기를 이끌었다.

사실 조직에서 직위가 높아질수록 어려워지는 게 '듣는 귀'를 열어두는 것이다. 쓴소리를 듣는 게 싫어지기 때문이다. 그러나 쓴소리를 하는 사람을 멀리하다 보면 나중엔 쓴소리하는 사람이 아예 없어진다. 쓴소리를 하는 사람이 있는 조직이 건강하다. 그들이 쓴소리하는 이유는 단 하나, 자신이 같은 배를 타고 있다고 생각해서다. 사람이 너무 힘이 세지면 아첨에 능한 부하는 물론이고 허물없이 터놓고 말하던 친구들조차 약간은 비굴해져서 듣기 좋은 말만 늘어놓게 된다. 결과적으로 판단이 흐려진다. 그러니 의도적으로라도 쓴소리를 하는 사람을 옆에 둬야 한다. 자신이 잘나갈수록 더욱 그렇다.

나는 중앙일보를 경영하면서 이어령, 이홍구 두 분을 고문으로 모신 것을 정말 잘한 일로 자평한다. 그분들의 조언 덕에 샛길로 빠지지 않을 수 있었다. 내가 월급을 드리는 분들이었지만 항상 상석에 앉으시게 하고 말씀을 들었다. 개인이든 조직이든 걸어가는 길 위에는 북극성이 반드시 떠 있어야 한다.

◆ ◆ ◆

인생길에서 만난 마음의 스승을 꼽으라면 이홍철 법사, 대산 종사, 김홍호 목사 세 분을 말할 수 있겠다. 세 분은 내가 세속적 성공에 매몰됐을 때 영성의 길을 놓지 않도록 잡아주었고, 잘못된 길에 들어섰을 때 정수리에 일침을 놓아 올바른 길로 돌아오게 해주었다.

룸비니의 창립자인 이홍철 법주는 세상에는 많이 알려지지 않은 분이다. 1923년생으로 평양고보, 교토대 심리학과를 졸업한 수재였다. 평양의 유명한 목사님 아들로 태어났으나 한국전쟁 직전 월남해 범어사에서 청담 스님을 모시고 불교 공부를 했다. 청담 스님은 스님이 되라고 권했지만, 청년을 키우겠다는 큰 뜻을 품고 1959년 룸비니를 창립했다. 전국의 고등학교 앞을 돌면서 전단을 나누어 주고, 룸비니 집회에 오라고 권하는 식으로 수많은 이를 불교로 이끈 것으로 유명하다. 평생 자신을 드러내지 않고 조용히 살았고, 청년들에게 영성을 불어넣으면서 수행자로 모범을 보이다가 92세인 2015년에 돌아가셨다. "나는 이번 생은 없다"며 일체의 흔적을 남기지 않은 채 오직 청년들에게 신심을 심어주시다 간 희생적인 삶이었다. 묘지는 물론이고 흔한 강설집 하나 남기지 않았다.

1965년 고등학생 때 처음으로 이홍철 법주님을 만났다. 나는 원불교 집안에서 태어났으나, 당시만 해도 불교를 하나의 흥밋거리이자 일종의 지적 장식쯤으로 여기고 있었다. 그러다 이분을 만나서 비로소 영성의 씨앗을 얻었다. 법주님은 기이한 행색으로 학교 앞에 나타나 맘에 드는 아이의 볼을 꼬집거나 엽서를 여러 장 보내며 룸비니에 나오라 하셨다. 나도 한번 볼을 꼬집혔고 그게 싫어서 먼발치에서 법주님이 보이면 피해 다니기도 했다. 이제 와 생각하면 눈물 나는 기억이다. 반강제로 내게 불법의 신심을 심어주신 법주님과 만남이 없었다면, 내 삶은 어땠을까.

그때 함께 룸비니 활동을 한 이들 가운데 조영래, 박세일 등 이름만 대면 알 만한 분들이 많다. 룸비니 수행 대회가 경기도 보광사에서 봄·여름·겨울 각 일주일씩 열렸는데, 스님들과 똑같이 생활하면서 진지하게 삶과 죽음을 논했던 기억이 생생하다.

어떤 가르침이든 처음에는 믿음이 중요하다. 물음이 있어도 아직 답을 알 수는 없기 때문이다. 일단 믿음의 씨앗을 뿌린 후에는 그것을 머리로 이해해야 하고, 머리로 이해한 후에는 그것을 몸으로 행해야 하고, 몸으로 행한 후에는 그것을 남에게 이야기하면서 검증해야 한다. 이홍철 법주님에게서 믿음의 씨앗을 얻지 못했다면 아마 나는 삶의 길에서 헛된 시간을 보냈을 것이다.

대산 상사는 원불교의 세 번째 종법사다. 아버지가 돌아가신 후 어머니를 모시고 익산과 완도의 원불교 총부와 성지를 다니면서 자주 뵙고 큰 가르침을 받았다. 내 집무실에는 글씨 두 점이 걸려 있다. 하나는 고등학교 2학년 룸비니 회장을 맡았을 때 청담 스님께 받은 글씨인 '만법귀일일귀하처(萬法歸一一歸何處)'다. '만 가지 법이 하나로 돌아오는데 그 하나는 어디로 돌아가는가'라는 뜻이다. 다른 하나는 대산 종법사께 받은 '성경신(誠敬信)'으로, '정성, 공경, 믿음'을 뜻한다. 성경신은 수운 최제우의 좌우명이기도 하다. 일에 대해서는 정성을 다하고, 남에 대해서는 경건히 대하며, 진리에 대해서는 믿음을 품으면 늘 올바른 길을 걸을 수 있다는 뜻이다.

대산 상사는 종교 연합 운동을 제안하고 실천했다. 1984년 교황 요한 바오로 2세의 방한을 환영하면서 하신 말씀이 사람들에게 깊은 인상을 남겼다. "종교의 목적은 하나이므로, 천주교에서 천심(天心)을 길러 천국을 만드는 것이나, 불교에서 자비심을 길러 불국(佛國)을 만드는 것이나, 유교에서 성심(聖心)

을 길러 성세(聖世)를 만드는 것이나, 도교에서 도심(道心)을 길러 도국(道國)을 만드는 것이나, 원불교에서 원심(圓心)을 길러 원만 평등한 세상을 만드는 것이 표현은 달라도 본래 이념은 다 같은 것이므로 우리가 합심하여 세계 평화를 이루고 전 인류를 구원하는 일에 노력합시다."

모든 종교가 서로 배척하지 않고, 사람의 영혼을 구하고 평화를 이룩하는 데 헌신한다는 본래 목적을 잊지 않는다면, 인류는 현재의 유엔 체제보다 더 평화롭고 더 상생하는 시대를 열어갈 수 있을 것이다. 정신의 연대를 통해 인간과 인간이, 인간과 자연이 상생할 수 있다면 기후 위기를 포함해 인류가 맞닥뜨린 위기를 해소하는 길도 얼마든 열릴 것이다.

1980년대 말 대산 종법사께서는 나를 불러서 남북 관계, 통일 문제에 헌신해서 한반도 평화를 이룩하는 데 힘쓰라고 당부하셨다. 중앙일보에서 많은 책임을 내려놓은 후에 '한반도평화만들기재단'을 만들어서 한반도 평화에 기여하겠다는 뜻을 세우게 된 계기다. 어릴 때부터 인연이 있는 김대중 전 대통령도 1990년대 초에 내게 같은 당부를 하셨다. 두 분 말씀을 깊게 새기니 이 땅에 평화를 가져오는 것이야말로 우리 민족이 함께 지향해야 할 북극성이고, 나 개인이 남은 인생을 바칠 만한 소명이라고 생각하게 됐다. 대산 종법사께서 길을 열어주지 않았더라면 큰길을 보지 못한 채 끝내 헤매었을 것이다.

김흥호 목사는 1919년 황해도 출생이다. 평양고보와 와세다대 법학부를 졸업하고 목사가 되었고, 이화여대에서 오랫동안 교목을 지냈다. 20세기 한국의 대표적 사상가인 다석 유영모 선생의 제자로, 씨알 사상으로 유명한 함석헌, 풀무학교를 세운 이찬갑 등과 같이 배웠다. 우치무라 간조에서 출발하는 무교회 사상의 영향도 크게 받았다. 일요일 예배 때 성경 강독과 함께 불경, 논어, 노자, 장자, 전습록 등 동양 고전 강의를 병행하면서 기독교 영성의 세계를 크게 확장한 것으로 유명하다.

내가 김흥호 목사를 처음 뵌 것은 1966년 룸비니 학생회장을 할 때다. 유불선을 넘나들면서 영성의 본질을 논하는 강의를 두세 차례 들었는데 솔직히 10대 소년이 알아듣기에는 너무 어려웠다. 그러나 김흥호 목사님과 만남은 내 정신세계를 흔들었다. 어떻게 보면 내 정신세계를 가장 잘 정리해 주신 분이 바로 목사님이다.

내게는 두 번의 엄청난 좌절이 있었다. 첫 번째는 1999년 정치에 휘말려 감옥에 갔을 때다. 순탄한 길을 걸어오던 내게 상상도 못 한 시련이었다. 당시 절망뿐인 내게 큰 도움이 된 것은 도올 김용옥이 옥중으로 보내준 『금강경 강해』였다. "금강의 벽력은 곧 나의 존재 그 자체에 떨어져야 하는 것"이라는 도올의 일갈에 10대에 처음 접했던 이 경의 본질이 더 무섭게 다가왔다. 인생 최대의 시련을 겪을 때니 한 구절 한 구절이 폐

부를 찔렀다. 망연자실 절망에서 마음을 추스를 힘을 찾았다.

그러나 그만으로는 충분하지 않았던 것일까. 유엔 사무총장의 꿈을 안고 2005년 주미 한국 대사로 부임했다가 또 한번 시련을 맞았다. 돌아와 서울 근교 농원에서 칩거하면서 사계절을 보냈다. 큰 꿈을 꾸었기에 나락이 더 깊었다. 도저히 헤어나오지 못할 것 같았다. 인생에서 가장 조심해야 할 때가 바로 이런 때다. 멀쩡한 사람도 이런 일을 맞닥뜨리면 크게 엇나간다. 서운함, 모멸감, 분노 등이 겹치면서 자꾸 나쁜 생각에 빠져들었다.

이때 김흥호 목사의 강의를 우연히 인터넷으로 다시 만났다. 하루 네다섯 시간 동안 강의를 듣고, 전집을 구해 읽으면서 한 해를 보냈다. 그제야 내 인생이 다시 정리되는 것을 느낄 수 있었다. 아탈리가 말한 것처럼, 인생에서 정작 중요한 것은 '어떻게 자기 자신이 될 것인가'라는 영성의 문제였다. 나머지는 그 다음이었다. 중심이 흐트러졌기에 충분한 준비와 성찰 없이 덥석 잡은 후과가 큰 시련이란 파장을 만든 것이다. 섣부른 욕심이 앞서면 인연은 재앙으로 변하기도 한다.

그러나 모든 일이 그렇듯 시련에는 끝이 있고, 자기 성찰과 정진은 새로워진 나를 만든다. 마음의 스승들이 주신 가르침을 새기면서 점차 독불장군의 모습이 누그러졌다. 큰일을 당하면 먼저 내 자신부터 돌아보는 습관도 갖게 되었다. 김흥호 목사를 마음의 스승으로 모실 수 있게 된 것은 노년에 접어든 내 인생의 큰 축복이라고 생각한다.

◆ ◆ ◆

 한때는 정해진 궤도 위를 달리는 남들과 달리 어디로 튈 줄 모르는 무궤도 열차를 탄 어지러운 삶이라 생각한 적도 있었다. 하지만 내 인생은 행운이 훨씬 많았다. 무엇보다 좌절해서 마음이 흐트러질 때마다 좋은 스승을 만났고 덕분에 바른길로 돌아올 수 있었다. 마음의 스승이 있는가? 세 스승을 모시고도 늘 부족했다고 여겨지는 삶이다. 하물며 나 자신만을 믿고 나아간다면 그 길의 끝은 어디일까. 내가 흐트러질 때, 교만에 빠질 때, 정도에서 벗어날 때, 누군가에게 상처를 줄 때, 따끔한 말로 정신에 비수를 꽂아주고 바른길로 인도할 스승이 없다면 인생은 얼마나 막막한가.

 인생에는 누구나 북극성이 필요하다. 좌절 없는 인생이 없고 평탄한 길만 걷지 못하기 때문이다. 누구나 길을 잘못 들고, 샛길에서 고생하고, 어둠 속에서 방황한다. 이렇게 고난에 처했을 때 마음에 스승이 있으면 돌아와 제 길을 똑바로 걸어갈 수 있다. 스승 없는 삶은 암초 많은 밤바다를 등대 불빛 하나 없이 항해하는 것과 같다.

스승의 역할에 대한 재미난 비유가 있다. 스승은 절대적 진리를 가르치는 게 아니라 제자가 길을 잘 걷게끔 만드는 이다. 산에 오르다 30% 정도 가면 지루해진다. 위에서 내려오는 이에게 "정상까지 얼마나 남았어요?"라고 물으면 "금방 갑니다" 하고 답한다. 하지만 아무리 가도 안 나온다. 속았다 싶다. 한 8부 능선에 가서 내려오는 사람에게 "얼마나 남았어요?"라고 물으면 이번에는 "아직 멀었습니다" 답한다. 봉우리가 저기 보이는데 또 거짓말이구나 싶다. 하지만 거기엔 다 뜻이 있다. 밑에서 성적이 안 오를 때는 얼마 안 남았으니 열심히 하라고 격려해 주는 게 필요하다. 80% 지점은 위험하다. 얼마 안 남았다고 생각해 긴장이 풀어지기 십상이다. 그러니 아직 멀었다고 경계해 준다. 이게 스승의 역할이다. 이런 게 참다운 중도의 가르침이다.

아내와 함께하면서
배운 인생

1976년, 스물일곱에 아내를 처음 만났다. 연애 반, 중매 반으로 결혼했다. 아내는 어땠는지 모르지만, 나는 첫눈에 반했다. 한 학기 내내 아내 집을 드나들다가 아버지께 꾸지람을 듣기도 했다. 그렇게 여자 집에 들락거리면 장인, 장모가 사람으로 안 본다고 하셨다. 지나치게 구애하면 남자의 채신머리가 떨어진다고 여기는 시절이었다. 한 이틀 꾹 참고 연락을 안 했더니 아내가 서운해했다. 풋풋했던 시절이었다.

아내와 결혼할 무렵, 나는 미국에서 박사 과정을 밟고 있었다. 언젠가 서울에 돌아가면 교수가 되어 학생들을 가르치거나 경제 관련 공무원을 하면서 평생 나라에 봉사하리라고 생각했다. 언론사를 하면서 여러 기업을 운영할 줄은 꿈에도 생각지 못했다.

신혼 생활은 미국에서 시작했다. 신혼 때는 다들 비슷하겠지만 아버지 도움을 받아 조그만 집을 얻었다. 남들보다 형편이 나았는데도 신혼집의 반 이상이 빚이었다. 세계은행 월급을 아껴 쓰면서 알뜰살뜰 살림을 시작했다. 밤마다 머리를 맞대고 "다음에는 저 동네로 이사 가면 좋겠다"라든지 "그냥 미국에서 계속 살아도 좋지 않을까"라고 생각하기도 했다.

서울에 돌아와서는 아버지 집에 들어가 살았다. 재무부·청와대를 거쳐 삼성에 들어가면서 많은 게 바뀌었다. 아내 말에 따르면 학자풍의 평탄한 삶이 기업인의 파란만장한 삶이 됐다. 나로서는 그 탓에 두 번이나 '유배' 생활을 하는 평지풍파도 겪었다.

◆ ◆ ◆

나는 정말 아내 복이 많은 사람이다. 아내는 나와는 다른 환경에서 자랐다. 장인어른은 조선조 4대 문장 대가로 칭송받는 상촌 신흠의 집안 출신이다. 후대에 몰락해서 빈한했으나 집안에는 양반 가문의 엄한 기풍이 살아 있었다. 젊은 시절 장인은 사범학교를 나와 영등포 초등학교 교사로 일했는데 동료

교사였던 장모와 연애 결혼해서 아내를 낳았다.

   결혼 직후 장인은 고려대 법대에 합격했으나 끝내 진학은 못 했다. 여섯 남매에 셋째로 유일하게 번듯한 직장을 다니고 있어서 온 가족을 먹여 살려야 했기 때문이다. 하는 수 없이 장인은 서울 서대문의 야간 대학인 국제대학에 진학했다. 얼마나 가난했던지 가파른 언덕 위 학교까지 버스비가 없어서 연탄 배달 차에 몰래 올라타기도 했다고 한다. 김동연 경기도지사가 국제대 야간부 출신인데, 언젠가 나를 만난 자리에서 자신이 제일 존경하는 인물이 우리 장인이라고 했다. 같은 대학을 나와서 입지전적 성공을 거두었으니, 장인을 인생 모델로 삼은 게 아닐까 싶다.

   야간 대학에서 법을 공부한 장인은 한국전쟁 중 징집되어 이등병으로 복무하다 군법무관 시험을 봐서 단번에 붙었다. 법무참모로 야전에 배치돼 만난 사람이 당시 사단장이었던 박정희 소장이다. 박정희는 장인의 선비 같은 풍모를 높이 샀다. 평생 같이하자고 권했으나 이를 완곡히 거절한 장인은 제대해 변호사로 개업했다. 우리나라에 변호사가 1000여 명밖에 안 되던 시절이라 장인은 단숨에 집안을 일으킬 수 있었다. 하지만 박정희와 인연은 끊어지지 않았다. 5·16 쿠데타 후 장인은 군법무관 시험 출신으로는 최초로 검찰총장이 됐다. 서른여섯 젊은 나이였다. 이후 법무부 장관, 중앙정보부장까지 역임했다.

내가 뵌 장인은 말 한마디 한마디를 무척 아끼는 분이셨다. 좀처럼 모진 말을 하지 않고, 항상 한 번 더 신중하게 생각하고 얘기했다. 자유롭고 서슴없이 계급장 뗀 토론을 즐기는 우리 집안하고는 분위기가 완전히 달랐다. 일찍이 주자는 "입 다물기를 병에서 물이 새지 않는 것같이 하라"고 했는데, 이 말을 몸으로 실천하는 사람이 장인이셨다.

엄정한 선비 같은 장인의 모습은 내게 일종의 문화적 충격이었다. 자유롭고 해외 문화에도 밝은 집안에서 자란 데다가 유학 생활로 무한 자유를 흠뻑 맛본 직후여서 더욱더 그랬던 것 같다. 장모님 역시 전통적인 여인의 모습이었다. 자애롭고 기품이 있었다. 살림이 넉넉하게 핀 후에도 사치하지 않고 검소하고 수수했다. 조선의 전통적 선비 부부 같은 두 분의 모습에서 내 고정관념이 깨졌다. 구수한 된장의 깊은 맛이 가진 힘이랄까. 최고 학벌 아니면 쳐주지 않고 전통보다는 현대적인 것을 선호하며 하늘을 찌르던 내 엘리트 의식이 보기 좋게 깨져 나갔다. 내 안의 엘리트주의를 돌아보는 첫 번째 계기가 바로 처가와의 만남이었다.

아내는 장인의 품행을 빼닮았다. 장인과 마찬가지로 누구에게도 함부로 말하지 않고 항상 조심하면서 처신한다. 장모님에게서는 자애와 검소함을 물려받았다. 지나치다 싶을 정도로 타인을 배려하고 마음을 쓴다. 남편이나 자식보다 남부터 먼저 챙기기에 때론 섭섭한 마음도 들지만 아마도 그런 모습에서 많은 것을 배우라고 하늘이 내게 아내를 보내준 게 아닐까 싶다. 벌컥 화를 내려다가 아내를 떠올리며 참을 때도 많다. 나이 들어 명상 수행을 생활화하면서 진작 아내 말을 듣고, 아내처럼 행동했더라면 어땠을까 돌아본다.

◆ ◆ ◆

배우자에 대한 미국 사람들의 농담이 있다. 남자 여럿이 모여서 집안일은 모두 아내가 결정한다며 푸념한다. 그때 한 남자가 말했다. "오, 그래? 우리 집에서는 내가 모든 일을 다 결정하는데." 모두 귀를 쫑긋 세우며 물었다. "어떻게 그게 가능해?" 그가 대수롭지 않다는 듯 말했다. "중요한 건 내가 다 결정하고 중요하지 않은 건 다 아내가 결정해." 그러곤 한마디 덧붙였다. "그런데 뭐가 중요하고, 뭐가 중요하지 않은지는 아내가 결정해."

우스갯소리지만 부부 관계의 핵심을 찌르는 말이다. 나 역시 다르지 않다. 집안일은 전적으로 아내에게 맡기고, 바깥일도 중요한 결정들은 전부 아내와 공유하고 상의한다. 인생에서 큰 결정을 할 때 아내 말을 들었다가 잘못된 기억은 거의 없다. 반면 내 고집대로 했다가 낭패 본 일은 여럿이다. 내게 맘 상했다가도 아내를 생각해 참아준다는 말도 여러 번 들었다. 아내는 내가 돈을 더 벌고 사회적 지위가 더 높아졌다고 인정하는 게 아니라, 남을 배려하고 화를 참을 때 더 점수를 준다. 그런 사람이 내 아내로 곁에 있어 주니 얼마나 다행인지 모른다.

 화창한 날에는 종종 아내의 손을 잡고 남산을 한 바퀴 걸어 집으로 가면서 신혼 때처럼 도란도란 이야기를 나눈다. 남은 삶은 조금 더 편안하게, 조금 더 나누며, 조금 더 따뜻하게, 잘 살고 가자고 말한다. 아내가 없었다면 오늘의 나도 없었을 것이다. 묵묵히 나의 길을 함께하며 애태웠을 날들을 떠올리면 오직 미안한 마음뿐이다. 아내를 만나 함께 지낸 그 오랜 세월이 모두 다 내 복이다.

친구 없이 똑바로
걸을 수 있는 사람은 없다

　진짜 어려울 때 고통을 같이하는 친구가 있는가? 구약 성서에 나오는 의인 욥은 끝없는 고난에 지쳐서 "나에게 무슨 힘이 있어 더 견디며 무슨 좋은 수가 있겠다고 더 살겠는가"라고 친구들에게 하소연한다. 그러나 욥이 부유할 때는 친구와 친척이 몰려들어 친분을 자랑하더니, 욥이 힘들고 어려워지자 모두 등을 돌린다. 욥은 눈물로 호소한다. "제발 이리로 얼굴을 돌려주게. 자네들 얼굴을 쳐다보며 속이기야 하겠는가! 돌아와 주게. 너무 억울하게 대하지 말게나. 어서들 돌아와 주게. 나에게는 아무 잘못도 없다네." 비가 내릴 때는 사막에 넘쳐흐르던 개울물이 더워지면 마르는 것처럼 친구들은 욥을 외면한다.

세상인심이 대부분 그렇다. 소돔은 의인 한 사람이 없어서 멸망했다. 고난을 맞이할 때는 천지가 모두 외로워지는데, 이때 일부러 찾아와서 보살피고 돌보면서 고난을 함께하는 친구는 정말 드물다. 어찌 보면 삶의 진짜 행복은 어려울 때도 변치 않고 진정한 우정을 나눌 만한 친구가 있느냐 없느냐에 달린 것 같다.

친구란 참 독특한 존재다. 살아가면서 피를 나눈 형제보다도 많은 시간을 함께 보낸다. 삶의 단계마다 새로운 친구들을 사귀고, 반대로 여러 이유로 소원해지는 친구들도 생긴다. 그때 그때 가까이 지낸 친구들이 내 삶의 궤적을 말해준다는 생각도 든다.

나는 비교적 다양하게 친구들이 많은 편이다. 초등학교나 중고등학교 친구 중에서 가까이 자주 교류하는 이들이 꽤 있다. 점심 약속이 갑자기 취소되거나 비는 시간에 '번개'로 만나 회포를 푼다. 역시 어린 시절 친구들이 편하고 격의 없다. 옛 친구를 만나는 즐거움에는, 서로에게서 어린 시절의 순수한 자기 얼굴을 찾아보려는 의미도 있는 것 같다. 그저 만나는 것만으로도 어린 시절로 돌아간 느낌이 드니 말이다.

학창 시절이 지나고 사회생활을 하면서 일을 통해 만난 이들 중에도 일을 넘어 친구가 된 이들이 많다. 동질성이 강한 어린 시절 친구들에 비해서 사회에서 만난 친구들은 스펙트럼이 다양하고, 연령대도 다양하다. 이들과는 선후배 나이 차를 뛰어넘어 우정을 나눴다.

사적인 고민이 있거나 일에 대해 자문이 필요할 때 언제든 마음을 터놓을 수 있는 친구 같은 선후배들이 있다는 것은 내 인생의 큰 위안이자 자랑거리다. 흉금을 터놓고 고민을 상담하고 서로의 기쁨과 슬픔을 제 것처럼 나누는 친구란, 험난한 인생길 사막의 오아시스 같은 존재다.

◆ ◈ ◆

솔직히 나는 남들보다 젊은 나이에 중요한 역할을 하게 되어서 또래 친구들의 부러움을 사기도 했는데, 그들에게 오만하게 비칠 수도 있었겠다 반성한다. 친구의 소중함을 잘 몰랐던 때도 있었다. 쉰 살 무렵 영어의 몸이 돼 개인적으로 제일 힘든 시련을 겪었다. 돌이켜 생각하면 어떻게 그 어려운 시절을 견디고 다시 일어설 수 있었는지 믿기지 않을 정도다. 나뿐 아니라 가족 전체의 트라우마 같은 나날이었다. 그때 마음 깊은 곳에서 진심을 다해서 나를 걱정하고 위로해 준 친구가 과연 몇이나 될까. 아마 다섯 손가락이 채 안 될 것이다. 그 모든 게 앞과 위만 보고 가면서 주변을 잘 살피지 못했던 나의 처신과 업보의 결과라 생각한다. 아니, 그나마 다섯 손가락 안에 드는 친구가 있었다는 것이 감사한 일이고, 최악의 인생은 아니었다고 자위해 본다.

어려운 시절에 구약의 욥기를 읽었다. 욥은 시련과 인내의 대명사 같은 인물이다. 부유하고 행복했지만, 어느 날 재산과 가족과 건강을 전부 잃고 노숙자가 된다. 그러나 고통 속에서도 욥은 신을 원망하지 않고 믿음을 지키며 시련을 이겨낸다. 그 욥에게 이입했던 것일까. 욥기를 한 장 한 장 넘기며 펑펑 대성통곡했던 기억이 난다.

나는 불자지만 나락에 떨어진 순간에는 자업자득이라는 이성적 접근보다 욥기의 감동이 큰 위로가 되었다. 욥기는 나보다 1, 2년 먼저 고생을 한 정대철 선배가 보내준 엽서에서 알게 된 내용이다. "모든 것을 주신 분도 여호와 하느님이시고 거두어 가는 분도 여호와 하느님이시다…."

그때 여러분이 위로차 면회를 오셨는데, 특히 두 분이 기억에 남는다. 어린 시절 골목 친구 오영찬의 부친 오제도 변호사와 돌아가신 온누리 교회 하영조 목사님이다. 두 분 다 100% 내 편에서 무조건적인 위로의 말씀을 주셨다. 두 분을 통해 어려운 처지에 빠진 사람들을 위로하는 법도 배웠다. 정말 힘들고 어려울 때는 시시비비 이성적인 가르침보다 일단 무조건적인 위로와 공감이 상대를 살게 한다는 것 말이다.

물론 늘 좋은 말만 해주는 게 좋은 친구는 아니다. "나를 꾸짖으려 대하는 자는 나의 스승이고, 나를 올바로 대하는 자는 나의 벗이며, 내게 아첨하는 자는 나의 적이다." 순자의 말이다. 붓다는 "나보다 나을 것 없고 내게 알맞은 길벗 없거든, 차라리 혼자 가서 착함을 지켜라. 어리석은 사람의 길동무가 되지 말라"고 말했다. 성철 스님은 "도반(道伴)이 공부의 절반을 해준다"라고 말했다. 도반은 함께 도를 닦는 벗을 뜻한다. 인생 공부의 좋은 파트너를 만나는 것만으로도 공부의 절반을 했다는 말이다.

사실 피로 얽힌 가족이나 독점적·배타적 관계를 요구하는 사랑은 서로에 대한 집착이나 보상 욕구, 애증에서 벗어날 수 없다. 반면 상대의 독립성을 인정하며 함께 발전을 지향하고 때론 상대에게 쓴소리도 아끼지 않는 우정은 다르다. 어찌 보면 최고의 인간관계다. 사랑과 가족을 초월해 우리를 가장 성장시키는, 인간관계의 이상형이 바로 우정이다.

'우정은 사랑의 윤리적 형태'로 일컬어지기도 한다. 로마 철학자 키케로의 『우정론』에는 친구 사이에서는 "사랑하고 나서 판단하지 말고, 판단하고 나서 사랑하라"는 말이 나온다. 친구를 선택하고 우정을 유지하는 데 지혜로운 '판단'을 중요시한 것이다. 키케로는 "먼저 우정은 선한 사람들 사이에서만 가능하다"라면서 "불한당들 사이의 의리와 협력은 우정이란 미명으로 비호해서는 안 된다"라고도 썼다.

인생을 살아가면서 항상 내 편이 돼 주며 즐겁게 교류하는 친구도 소중하지만, 내가 잘못된 길로 갈 때 바른말을 해주는 친구는 더 귀하다. 일본 제왕학의 거두 야스오카 마사히로의 말처럼 필요할 때 서슴없이 따끔한 충고를 던져서 크게 엇나가는 걸 막아주는 친구가 한 명이라도 있다면 훌륭한 인생이다. 특히 한참 일에 몰두하는 중장년기에는 이런 친구의 중요성이 더 크다.

 다행히 내게 그런 친구가 두세 명은 있으니 얼마나 감사한 일인지 모른다. 항상 바른말을 아끼지 않는 그들은 나와 생각이 다른 부분이 적지 않아 종종 격론을 벌이기도 하는데, 내 생각을 돌아보게 하는 거울이 되어 주기도 하고, 내 뾰쪽한 부분을 다듬어 주는 정 역할도 해 주니 더욱 고맙다. 한 친구와는 그간 논쟁하며 주고받은 이메일을 모두 출력해 간직하고 있다. 서로 생각이 달라 논쟁이 깊어지면 발끈한 친구는 한동안 연락을 끊곤 했는데, 그때마다 내가 먼저 화해를 청했다. 그 또한 즐거운 일이다.

 "벗이 있어 먼 곳에서 찾아오니 이 또한 기쁘지 아니한가!" 친구가 있는 즐거움을 말할 때 공자는 일부러 멀다는 뜻의 '원(遠)'이라는 글자를 넣었다. 흔히 '멀리에서'를 공간 개념으로 생각하는데, 영산대 배병삼 교수는 이를 노력 개념으로 해석한다. 가까이 있더라도 애쓰지 않으면 우정은 금세 약해진다.

하지만 몸은 멀리 떨어져 있더라도 서로 애쓰면 관계가 반석 위에 놓인 것처럼 든든하다. 그저 오래 알고 지냈다 해서 절로 친구가 되는 것이 아니라, 유지하는 데 시간과 노력을 들여야 하는 것이 우정이다. 그런 노력은 전혀 아깝지 않다. 가깝고 오랜 사이일수록 더욱 존중하고 관계에 최선을 다해야 한다.

좋은 친구 없이 똑바로 걸을 수 있는 사람은 없다. 좋은 친구를 얼마나 가졌는가. 아니 당신은 누군가의 좋은 친구인가. 좋은 친구는 좋은 인생의 바로미터다.

행복은 언제나 중도에서 온다

"내가 누구라고 그들을 판단하겠는가(Who am I to judge)?"
 2013년 프란치스코 교황이 동성애자 사제들에 관한 질문을 받았을 때 한 유명한 말이다. "(동성애자 사제라 해도) 그가 신을 찾고 있고 선한 의지를 품었다면" 교황이라고 해도 정죄할 수 없으며, 과연 하느님의 눈에 죄인지는 모르겠다는 말이다. 교황이 보여준 이 포용의 언어는 타인의 성적 취향을 쉽게 단죄하려는 이들에게 큰 울림을 줬다.
 프랑스 철학자 몽테뉴는 자신의 진리를 절대화하지 않는 '에포케(판단유보)'를 통해 관용의 정신을 설파했다. 그가 살았던 종교전쟁의 시대는 프랑스 전체가 가톨릭과 위그노(칼뱅주의 신교도) 양쪽으로 갈라져 극심하게 반목했다. '나는 진리를 알고, 너는 모른다'는 독단이 상대를 학살하는 비극을 낳았다. 몽테뉴는 이렇게 썼다. "우리는 가장 모르는 것일수록 가장 확고하게 믿는다." "확실한 것은 하나도 없다." "딱 한 가지 확실한 것은 확실한 게 없다는 것이다." 판단을 보류하는 에포케만이 남에게 자신의 생각을 강요하지 않고 나 역시 남의 생각을 무분별하게 좇지 않게 한다는 얘기다.

  사람은 누구나 자신의 관점으로 세상을 본다. 그러나 각자 나름의 관점이 있는 것이지 그게 다 정답은 아니다. 자신의 관점을 하나의 관점이 아닌 정답으로 착각할 때 문제가 생긴다. 내게 세상 보는 눈이 있다면 당연히 상대에게도 세상 보는 눈이 있다. 그걸 인정하지 않으면 세상은 분열과 싸움의 연속일 뿐이다. 대화도, 합의도 불가능해진다. 서로 다른 생각을 하는 게 문제가 아니라, 관점의 차이를 인정하지 않고 각자가 정답임을 고집하는 게 문제다.

◆ ◆ ◆

  최근 토론 방송을 보면 이런 문제가 극심하다. 쇠귀에 경 읽듯 서로 자기 말만 고집한다. 대화하러 나와서는 상대 이야기는 아예 듣지도 않고 싸움질만 하다 들어간다. 관점이 아니라 정답을 품고 시작하니 토론을 통해 차이를 확인하고, 차이 속에서 합의점을 찾고, 좋은 답을 찾아가는 멋진 장면이 좀처럼 연출되지 않는다. 정답과 좋은 답은 다르다. 정답은 하나밖에 없지만 좋은 답은 여럿 있을 수 있고, 정답은 절대 변하지 않지만, 좋은 답은 논의 과정에서 바뀔 수 있다. 이를 인정하지 않으면 사실 토론해 봐야 별 의미가 없다.

앞의 난로가 뜨거운 건지 모르는 채 손을 대는 아이는 크게 데고, 얼마나 뜨거울지 몰라서 조심하면서 살짝 손을 대는 아이는 크게 해를 입지 않는다. 뜨거운 난로라는 걸 아는 아이는 아예 피해 간다. 그러니까 확실히 아는 사람은 당연히 다치지 않고, 자신이 모른다는 사실을 인정하는 사람 역시 크게 다치지 않는다. 자신이 모른다는 사실을 모르는 사람이 제일 많이 다친다. 내가 정답을 모른다고 생각하는 사람은 행동을 절제하기에 크게 실패하지 않는다. 반면 자신이 정답을 알고 있다고 생각하는 사람은 만용을 부리기 쉽고, 한번 넘어지면 쉽게 일어나지 못한다.

1967년 해인사 방장으로 취임한 성철 스님은 대웅전 앞에 대중을 모아놓고 매일 설법했다. 하루 2시간씩 100일 동안 공부를 전했기에 이를 '백일법문'이라고 한다. 법문 내용을 한마디로 요약하면 '중도(中道)'라고 할 수 있다. 중도는 있음과 없음, 삶과 죽음, 주관과 객관, 선과 악, 나와 너 등 이분법을 서로 막아 소멸시키는 '쌍차(雙遮)'이고, 양극단을 서로 비추어 하나로 융합하게 만드는 '쌍조(雙照)'를 뜻한다.

성철 스님은 중도가 붓다 이전에 이미 존재했다고 말했다. 불교의 역사와 사상 전체를 중도라는 한 단어로 정리한 셈이다. 어쩌면 스님은 높은 도력으로 오늘날 한국에서 벌어지고 있는 극한의 대립을 예견하신 건 아닐까. '나는 맞고 너는 틀렸다' '우리는 언제나 옳고, 너희는 언제나 나쁘다' '우리는 선이고, 너희는 악이다' 이런 이분법이 심화되면서 사회의 통합과 발전을 해치고 있는 작금의 상황 말이다. 불변하는 이분법으로 세상을 바라보면 하나가 옳기 위해서 반드시 다른 하나가 틀려야 하기에 다툼이 생기고 갈등이 끝없이 이어진다.

중용의 도란, 차별과 대립의 이분법을 뛰어넘어 대화하고 소통하는 것이다. 비록 현실에서는 너와 내가 다른 몸으로 대립하며 살아갈지라도 원래 우리는 존재의 밑바탕에서 둘이 아니며 서로 연결돼 있음을 깨닫는 일이다. 세상 만물 또한 하나로 이어져 있고, 서로 관련되지 않은 것은 없음을 깨닫는 것이다. 그러니 너와 나는 다르고 세상을 다르게 보지만, 그것이 '다름'이지 '틀림'이 아니다. 또 너와 나는 원래 한 뿌리여서, 너를 해치면 나도 손해 보고, 너를 도우면 나도 이익을 얻는다.

안타깝게도 세상은 중도와 다른 방향으로 가고 있다. 절제와 양보, 공존과 공영의 정신 대신 독선과 독주, 적대와 배타의 생리가 불길처럼 퍼져나간다. 정치는 화해의 언어를 제시하지 못하고 대립과 분열, 갈등과 분노를 생산한다. 역지사지는 간 데없다. 마치 타는 솥 같은 상태다. 볶이는 콩들은 분주할 뿐 갈피를 잡지 못하니 도무지 정신적 안정을 이루지 못한다. 한 강연에서 나는 이렇게 말한 적이 있다.

"타협은 공동체의 번영을 위한 최상의 사회 기량이고, 한 사회의 지속적 활기를 보장하는 역동적인 에너지이다. 타협은 사회의 갈등과 마찰을 풀고 줄이는 특별한 윤활유이고, 흩어진 시민 역량을 신바람 나게 모아주는 기폭제이다. 타협은 흔쾌한 공존과 공영의 작동 엔진이고, 새로운 나라를 도모하는 국가의 전략적 자산이다."

◆ ◇ ◆

앞서 프란치스코 교황의 말처럼, 누구도 타인을 함부로 판단할 수 없다는 것을 인정하는 데서 타협과 소통은 시작한다. 상대의 처지와 관점을 수용하고, 특히 약자의 취향과 자유를 존중해야 한다. 어떤 삶이든 분쟁 없이 사는 것이 최고의 복이다. 타인이 화내지 않게 양보하고 약자가 분노하지 않게 배려하며 살아가는 것이 행복으로 가는 길이다. 중도 한 단어로 붓다의 지혜를 압축해 전했던 성철 스님은 그래서 행복이 우리 인격에 놓여 있다고 했다.

　사족으로 덧붙이자면, 중도의 묘를 투자에 적용해 성공한 사례가 있다. 월가에서 '가치 투자의 전설'로 불리는 하워드 막스 오크트리 캐피털 최고경영자 얘기다. 개인적으로도 친분이 있는데 그는 펜실베이니아대학교 2학년 때 불교 입문 강의를 들었다. 거기서 배운 '제행무상(諸行無常·만물은 돌고 변하여 한 모양으로 머물러 있지 않다)'을 투자 원칙에 적용해 어마어마한 갑부가 됐다. 잘나가고 있을 때도 항상 잘나가는 건 아니라고 생각하고, 내려갈 때도 내려가는 데는 끝이 있다는 걸 기억해 항상 중도를 취하며 돈을 번 것이다. 남이 많이 벌 때는 조금 덜 벌고, 남이 크게 손해 볼 때는 조금 덜 손해 본다. 그게 평균으로 하면 훨씬 더 버는 것이다. 중도가 이렇게 좋은 것이다.

하루하루 정성스럽게

언젠가 한 큰 스님의 인터뷰 기사를 읽은 적 있다. 기자가 물었다. "어떻게 살아야 합니까?" 스님이 답했다. "하루하루를 정성스럽게 사는 수밖에 없습니다." 진리의 길은 이처럼 언제나 소박하다. 하루하루 정성을 들여 덕업을 쌓는 것 외에 인생에 다른 좋은 길이 있을까. 이것이 세상 사는 이치의 핵심이니 스님은 중생들을 깨치는 좋은 화두를 준 셈이다.

중용에 따르면, 나라를 다스리는 일도, 세상을 평화롭게 하는 길도, 그 출발은 모두 뜻을 정성스럽게 하는 데서 시작한다. 뜻이 정성스러우면 마음이 바로 서고, 마음이 바로 서면 자신을 닦을 수 있고, 자신을 닦을 수 있으면 집안 질서를 바로잡을 수 있고, 집안 질서를 바로잡을 수 있으면 나라를 잘 다스릴 수 있고, 나라를 잘 다스릴 수 있으면 세상을 평화롭게 할 수 있다. 뜻을 정성스럽게 하는 것으로부터 시작하는 실천의 연쇄다.

정성스럽다는 것은 무슨 의미인가. '말씀 언(言)'과 '이룰 성(成)'이 합쳐진 '성(誠)'은 '말을 그 뜻대로 이룬다'는 뜻이다. 언행이 완전히 일치하는 삶이 곧 정성스럽게 사는 삶이다. 작은 물건 하나를 만들더라도 마음을 다해 완벽하게 만드는 것이 정성스럽게 일하는 것이다. 남을 대할 때 겉말과 속마음을 똑같이 하는 것이 정성스럽게 대하는 것이다. 말이 행위를 돌아보도록 하고, 행위가 말을 돌아보도록 하는 게 정성스러운 것이다. 공자는 "말을 부끄럽지 않게 한다. 그렇게 하는 것이 어렵구나"라고 말했다. 평범한 것일수록 이루기 어렵다는 뜻이다. 주변에 유혹이 많고, 미혹에 쉬 빠지기 때문이다.

◆ ◆ ◆

나 역시 최선을 다한다고 생각하고 살았으나 돌아보니 시간에 쫓기거나 분위기에 휩쓸려 정성을 다하지 못한 일이 적지 않았다. 정성을 다하려면 마음을 챙겨서 '일심(一心)'과 '무심(無心)'을 지켜야 한다. 일할 때는 마음을 하나로 모은 일심으로 최선을 다하고, 일이 없을 때는 집착이 없는 무심으로 욕심

부리지 않고 살아가는 것이 정성스럽게 사는 일이다.

일심이란 집중하는 마음이다. 일에 완전히 빠져서 자신마저 잃어버린 채 푹 빠진 몰입의 상태에서 일심이 온다. 인간은 몰입할 때 더 성취하고 행복감을 느낀다. 몰입은 자기 실력보다 약간 어려운 단계에 도전할 때 더 잘 경험할 수 있다. 가령 테니스를 배운다면 처음에는 공을 주고받는 가벼운 랠리조차 힘들지만 점차 실력을 쌓아가는 과정에서 몰입을 체험할 수 있다. 조금 더 어려운 기술에 도전하고 한 단계씩 실력이 좋아질수록 몰입도도 높아진다. 그렇게 테니스의 재미에 빠져든다. 자신이 좋아하는 것을 하되, 약간의 도전일 때 몰입하게 되는 것이다. 그러면서 더 즐기게 된다.

무심은 마음이 실제로 없어진다는 뜻은 아니다. 어느 것에도 마음을 머무르게 하지 않는다는 무주착심(無住着心), 머무르지도 않고 집착하지도 않는 마음이란 뜻이다. 거울이 모든 것을 비추지만 무엇도 붙잡지 않는 것과 같다. 영어로 하면 'No Mind(마음 없음)'가 아니라 'Non-Grasping Mind(집착심 없음)'다.

사람들은 대부분 좋은 것을 붙잡고 싫은 것을 쳐내려고 애쓰지만 세상은 좀처럼 뜻대로 되지 않는다. 좋은 것은 얻기 어렵고 나쁜 것은 자꾸 찾아온다. 설령 좋은 것을 얻었다 한들 마음에 흡족하지 않다. 언제나 더 좋은 것이 눈에 아른거리기 때문이다. 그 때문에 욕심은 집착을 낳고 집착은 눈을 어둡게 한다. 눈이 무명에 사로잡히면 인생을 있는 그대로 보지 못하게 된다. 그래서 무심이란 마음에서 자신을 걷어내는 것이고 욕심을 비워서 가난해지는 것이다. 예수는 산상설교에서 이를 가리켜 "마음이 가난한 자는 복이 있나니, 천국이 너희 것이다"라고 했다. 무심은 행복의 출발점이자 도달점이다.

일심과 무심은 어렵지만 누구나 정성을 다하면 다다를 수 있다. 어떤 일에 온 마음과 온 힘을 쏟고 나면 모든 것을 다 이루었다는 충족감과 함께 더 이상 아무것도 바랄 게 없을 듯한 해방감을 느낀다. 이럴 때 일심과 무심이 온 것이다.

때때로 나는 글씨를 쓰며 이런 단계에 들어설 때가 있다. 몰입해서 글씨를 쓰다 보면 어느새 서너 시간이 훌쩍 지나 있다. 흰 종이 위에 검은 먹이 글이 되어 놓여 있다. 종이를 들어 벽에 걸고 물끄러미 바라본다. 결과물은 매우 흡족하기도 하고 그렇지 않기도 하다. 그러나 글씨가 잘 되었느냐 못 되었느냐는 다음 문제다. 결과물이 잘 나와 흡족함이 느껴진다 한들 한창 몰입할 때 느끼는 황홀감에 비할 수 없다. 내 주변에 온통 빛이 가득한 느낌이다. 이런 몰입의 즐거움을 알고 나면 한 차례 더 몰입하고 싶어서 더욱 글씨에 정진하게 된다. 그 모든 순간 나는 정성을 다한 것이다.

◆ ◈ ◆

어느 스님의 '오래오래 정성을 들이는 이유'라는 글을 신문에서 읽었다. "순간으로 모든 걸 다 설명할 수 없고, 짧은 말이나 글이 개개인의 별업(別業)에 다 통하지도 않는다." 사람과 인연도, 우리의 삶도 지금 이 순간이 전부가 아니다. 옷깃만 스쳐 지나는 관계는 물론이고, 평생 함께했던 관계도 영원히 지속되진 않는다. 모든 것은 결국 사라지므로, 언젠간 헤어짐을 피할 수 없다. 그렇다고 해서 아무렇게나 대해서는 안 된다. "정성을 들이는 사람"은 마지막에 허무에 몸부림치는 대신 "가장 고귀한 열매를 두 손에 거둘 수 있다."

오늘의 나는 결국 어제의 나의 결과이듯 내일을 위해서 오늘에 최선을 다해야 한다. 내가 왜 이런 집에서 태어나 이렇게 별 볼 일 없이 사는가를 한탄해봤자 달라지는 것은 없다. 오히려 인생은 더 나빠진다. 운명을 바꾸기 위해서 주어진 하루하루를 정성스레 사는 것만이 우리가 할 수 있는 유일한 일이다. 그것이 지혜로운 길이다. 세상에 무언가 큰일을 이룬 사람들은 모두 "남김없이 살았다"고 입 모아 말한다.

◆ ◈ ◆

우리 삶은 걸어보지 않고는 아무도 그 끝을 알 수 없다. 처음 꾸었던 꿈이 고귀한 열매로 돌아올지, 아니면 커다란 배신이 기다릴지 누구도 모른다. 끝을 가늠하는 방법은 하나, 하루하루를 정성스레 사는 것뿐이다. 산속에서 수행하는 스님들처럼 청정한 환경에서 소박하게 살 수 없기에 우리는 현실에서 일심을 통해 일에 몰입하고, 열정을 쏟아야 한다. 명상 같은 마음공부도 마찬가지다. 처음에는 한 자리에 10분 앉는 일도 힘들어서 몸이 배배 꼬인다. 그러나 꾸준히 거듭하면 마음에서 나를 비워내는 무심이 습관처럼 자리 잡는다. 정성 들여 수행해서 우리 영성이 어제보다 오늘 더 밝은 경지에 오르면, 언젠가는 큰 깨달음을 얻게 될지도 모른다.

　언젠가 읽은 영국 성공회 대주교 인터뷰가 생각난다. 기자가 물었다. "어떻게 기도하십니까?" 대주교가 답했다. "아침에는 일어나 새로운 정신으로 하느님을 맞으니 감사하면서 오늘을 어떻게 살 것인지를 기도합니다." 기자가 또 물었다. "그러면 낮에는 어떠한 마음으로 사십니까?" 대주교가 답했다. "하루를 온전하게 살기 위해 기도합니다." 그리고 덧붙였다. "즐거운 마음으로." 모든 종교가 다 비슷하다. 그저 하루 더 주어진 삶에 온전히 감사하며 살아내라는 것이다.

　한 치 앞을 모른다고, 점술가를 찾으며 내 운명을 알기 위해 애쓸 필요는 없다. 그 시간에 내가 하는 일에 정성을 들여 다른 사람에게 감동을 주고, 매일 마음을 갈고닦아 자신을 감동시키는 편이 더 낫다. 하루하루 정성스럽게, 그리고 즐거운 마음으로 현실을 꽉 차게 살아내는 것 이상으로 우리가 할 수 있는 일은 없다. 몽테뉴도 비슷한 말을 했다. 밥 먹을 때 즐겁게 먹고, 춤출 때 즐겁게 추고, 놀 때 놀고, 공부할 때 공부하고, 모든 순간 정성스러운 마음이 온전히 거기에 있으면 그게 바로 가장 큰 행복이다. 그렇게 정성스레 살아가면, 인연의 법은 반드시 고귀한 열매를 돌려준다.

'왜 사는가'를 물어야
삶은 진실해진다

일흔 살을 넘어서면서 때때로 사람은 평생 세상이 던지는 물음에 답하면서 살아가는 게 아닌가 하는 생각이 들었다. 나이 들수록 삶이 무한히 신비롭고, 인생엔 아직 내가 알지 못할 비밀이 남아 있음을 깨닫는다. 무한하게 변하는 세상은 항상 새로운 질문을 나에게 던져 준다. 인간은 누구나 그 물음의 의미를 품어 자기 삶 안에서 부지런히 그 답을 찾아가면서 하루하루 살아가는 것이다. 각자 제 그릇에 따라서 큰사람은 큰 질문에, 작은 사람은 작은 질문에 답하는 게 다를 뿐이다.

살아도 살아도 아직 모르는 게 삶이다. 우리가 속한 우주가 무한한 만큼, 우리 삶도 무한하다. 마트료시카 인형처럼, 삶은 비밀의 꺼풀을 벗기면 또 다른 비밀이 나타나는 신기하고 신비로운 상자다. 탐구를 멈추지 않고 대답을 계속하면, 죽는 날까지 호기심을 잃지 않고 젊은이로 살 수 있다. 인생의 답을 안다고 함부로 말하는 이는 아무것도 모르는 자이고, 잘 모르겠다고 이야기하는 사람이 진실한 사람에 더 가깝다. 나이 들면서 삶은 무지는 아니되 항상 미지의 형태로 존재함을 새삼 생각한다.

나는 10대에 불법을 만나 제법 심취했다. 정세의 파고에 따라서 집안이 흔들리고 세상에 대한 원망이 쌓였을 때였다. 여기에 청소년기의 예민한 감수성까지 더해져 '왜 사는가?' '삶은 왜 이렇게 고된가?', '나는 무엇 하러 세상에 나왔는가?' '언젠간 늙어서 죽을 거라면 왜 태어났는가?' 같은 질문들에 빠져들었다. 어찌 보면 평생 곱씹을 만한 화두를 일찍이 얻은 셈이다.

이때는 처절한 무상을 절감하는 데까지 이르지는 못했다. 불법에 대한 관심은 제법 깊어졌지만, 타고난 성정에 맞추어 지적 탐구 수준에 그쳤다. 질문을 잡아 쥐고 깊이 파고들어서 몸으로 깨닫지 못하고, 경전을 읽고 공부해서 머리로만 이해하려고 했다. 나이가 들고 경험이 쌓이면 언젠가 이 질문들에 더 잘 답할 수 있지 않을까 하고 생각하고 말았다.

대학에 들어가고 사회에 나가서 온갖 활동에 분주해지자, 점차 그 번잡한 활기에 취해 이러한 질문들을 마음 구석으로 치

워두게 되었다. 하지만 질문들은 내 안에서 사라지지 않고 마음 깊은 곳에 뿌리 박혀 있었던 것 같다. 돌아보면, 일이 뜻대로 잘 안 풀리거나 힘들고 괴로울 때마다 이 문제들을 해결해야겠다는 기분에 사로잡히곤 했다. 젊어서 막연했던 '왜 사는가?'라는 질문은 나이 들수록 점점 절실해졌고, 일흔이 가까워지면서부터는 깨어 있는 시간 중 가장 많은 부분을 그에 몰두하며 지냈다. 요즘은 이 질문에 답하려는 수행이 내 삶의 큰 축을 이루고 있다. 어찌 보면 "왜 사는가?"를 물을 때, 인생은 간절해지고 진실해지는 듯하다.

◆ ◆ ◆

　많은 질문은 세상에 대한 앎이 늘거나 지식과 경험이 쌓이면 저절로 해소된다. 그러나 어떤 질문들은 나이만으로는 해결되지 않는다. 삶의 의미와 목적에 관한 질문들이 그렇다. 이런 질문들은 오히려 갈수록 오리무중으로 변하곤 한다.
　어릴 때는 어른이 되면 '인생은 무엇인가?'라는 물음에 잘 답할 수 있으리라고 생각한다. 막상 성인이 되면 삶에 대해서 여전히 아무것도 알지 못함을 깨닫는다. 이는 취업이나 결혼을 한다고 달라지지 않고, 부모가 되어도 바뀌지 않는다. 중년이 되어도, 아니 죽을 날이 가까워져도 이런 질문엔 아무래도 답하기 힘들다. 스치듯 영감처럼 찾아오는 게 있어도, 차마 입이 떨어지지 않는다. 덕분에 삶은 신비로움을 잃지 않지만, 마음은 괴롭기 그지없다. 한평생을 살았는데도 자신이 왜 살았는지를 모르는 것처럼 큰 고통이 어디 있겠는가. 요즘 들어서 어쩌면 10대 이래 내 삶은 알게 모르게 이런 근원적 질문에 답하려고 노력해 온 과정인 듯한 기분도 든다.

붓다의 삶은 언제나 내 삶의 등불이었다. 붓다는 인도의 왕자로 태어났다. 궁정에서 부유하고 호화로운 삶을 살았고, 부친의 사랑 속에 원하는 건 무엇이든 얻을 수 있었다. 결핍을 알지 못하는 삶이었다. 아름다운 아내도 있었고, 둘 사이에 어린 아들도 있었다.

그러나 어느 날 붓다는 모자람 없어 보이는 이 삶이야말로 큰 구멍이 뚫린 삶임을 눈치챘다. 노쇠한 늙은이와 병들어 죽은 시신을 본 다음이었다. 붓다는 '사람은 왜 태어나서 늙고 병들어 죽는가?' 하는 근본적 의문에 빠졌다. 스물아홉 살 때 붓다는 불안과 고뇌를 이기지 못하고, 편안한 왕궁을 떠나서 마침내 출가했다. 무상하고 허무한 인생살이, 생로병사에서 영원히 벗어날 길을 찾기 위해서였다.

진화 심리학자들에 따르면, 모든 생명체는 네 가지 기본 반응에 따라 행동한다. 먹이를 구하려 경쟁하고, 안락한 곳을 마련하려 싸우며, 위험한 걸 피해서 도망치고, 번식을 위해서 노력하는 것이다. 한마디로, 생명체는 생존과 번식의 본능을 좇아 살아간다. 그러나 붓다는 그렇게 살아가는 삶이 바람에 날리는 먼지처럼 가볍다고 여겼다. 먹을 걸 걱정하지 않고 언제든 번식을 이어갈 힘이 있더라도 그건 순간적일 뿐 지속적 만족을 줄 수 없었다. 왕자로 태어났기에 오히려 그런 점을 더 분명히 느꼈다.

붓다는 일시적 쾌락에 붙잡혀 있는 삶이 껍데기 같다고 생각했다. 그 삶은 생로병사에서 오는 근심과 공포를 조금도 해소할 수 없었다. 아무리 활기차더라도 젊음은 언젠가 늙음이 된다. 아무리 건강해도 몸은 언젠가 병든다. 아무리 싱싱해도 살아 있는 건 언젠가 시체로 변한다. 아무리 즐거울지라도 기쁨은 언젠가 그쳐서 슬픔으로 바뀐다. 호사스러운 이 모든 생활도 언젠가 비쩍 마른 해골처럼 부서져 사라진다. 세상 모든 건 이 냉혹한 법칙에서 벗어날 수 없다. 붓다는 이를 무상(無常)이라고 불렀다. 따라서 덧없는 이 삶에 의미와 가치를 두는 건 어리석었다.

붓다는 말했다. "내가 이런 굴레를 벗어나서 태어남도, 늙음도, 아픔도, 죽음도, 슬픔도, 부패도 없는, 지극한 자유를 찾으러 나서면 어떨까?" 고통과 슬픔의 잿더미 위에서 몸부림치는 이 삶에서 벗어나려면 동물적 본능에 매이지 않는 삶을 찾아야 했다. 그건 영혼의 부름을 좇는 지혜의 삶이었다. 붓다는 여기가 아니라 저기에 진짜 삶이 있다고 생각했다.

고대 인도의 현자들은 수행을 통해 누구나 존재의 가장 깊은 곳에 놓인 피안의 지혜에 도달할 수 있음을 알아냈다. 이 전통에 따라 붓다는 세속의 삶을 버리고 구도의 길에 뛰어들었다. 그리고 오랜 수행을 거쳐 보리수 아래에서 궁극의 깨달음을 얻음으로써 마침내 이 삶의 모든 근심에서 놓여났다. 니르바나(Nirvana·불어서 끔), 즉 열반이었다. 입김을 불어서 타오르는 촛불을 끄듯, 우리에게 고통을 안겨주는 세속적 욕망과 그에 대한 집착에서 벗어난 삶으로 옮겨간 것이다. 이는 인류를 불행에 빠뜨리는 근원적 질병을 치유하는 길이기도 했다. 욕망에 사로잡혀 있기에 세상 모든 분란이 생겨나지 않는가.

◆ ◆ ◆

어떤 이들은 아주 어린 나이에 삶의 무상과 고통을 깨닫고, 수행의 길에 들어선다. 일본 불교 조동종의 시조인 도겐은 어린 나이에 어머니를 잃었다. 빈소의 향이 타오르는 연기 속에서 그는 문득 무상을 절감하고 출가했다. 그때 나이가 불과 열 살이었다. 틱낫한도 열두 살쯤에 스님으로서 한 생을 살아갈 걸 깨달았다고 한다. 그러나 이처럼 어려서 깨닫는 이들은 극소수다. 사람들 대부분은 평생을 바쳐도 이를 잘 깨닫지 못한다. 순간의 쾌락에 굴복하고, 눈앞의 행복에 젖어서 삶의 무상함을 무시한 채 살아간다. 불교에서는 이를 안수정등(岸樹井藤)이라는 화두를 빌려서 이야기한다.

안수정등이란 '절벽 끝 나무와 우물 속 등나무'라는 뜻이다. 이는 『비유경』에 실려 있다. 깨달음을 얻은 붓다가 비유를 들어 진리를 설법한 내용을 기록한 경전이다. 이 책에 따르면, 인간은 쥐가 갉아먹고 있는 가느다란 밧줄을 붙잡고 절벽 끝 나무에 매달린 존재와 같다. 이 절벽 위에는 사나운 코끼리가 노리고 있고, 아래엔 흉악한 뱀이 입을 크게 벌린 채 기다리고 있다. 올라갈 수도 없고 내려갈 수도 없는 비극적 상황이다. 그런데 문제는 따로 있다. 때마침 나뭇가지에서 꿀이 한 방울 두 방울 떨어지는 것이다. 조만간 죽음이 다가오는데도, 사람들은 이를 무시한 채 혀 내밀어 등꽃에서 떨어지는 꿀을 빨면서 아무 일 없는 양 기뻐하면서 살아가는 것이다.

등나무 꿀의 비유는 일시적 쾌락에 집착해 삶의 실상을 잊고 살아가는 인간 실존을 적나라하게 전한다. 러시아의 문호 톨스토이는 이 비유를 읽고, 큰 깨달음을 얻어 종교의 길로 나아갔다. 『참회록』에 나오는 일화다. 광복 직후 성철, 청담, 월산, 법전 등 스님이 참여했던 결사에서도 이 화두를 들어서 선지식을 서로 나눈 바 있다. 우리 삶의 근원적 실상을 깨달으면, 이 삶에 집착해서 아등바등하는 일이 헛되게만 느껴진다.

이 때문에 옛 스승들은 삶을 있는 그대로 보라고 말하곤 했다. 눈에 보이는 바와 실제로 있는 건 다르고, 귀에 들리는 것과 실제로 나는 소리는 다르다. 우리가 생각하는 나와 실존하는 나는 닮지 않았고, 우리가 인식하는 것과 참된 진리는 거리가 멀다. 삶의 실상은 우리가 그러리라고 기대하는 것과 크게 어긋나 있다. 달콤한 꿀을 빨고 있는 듯하지만, 실제로는 죽음에 처해 있는 비유 속 존재처럼 말이다.

삶이 나의 기대와 어긋나는 것을 팔리어로 둑카(Dukkha)라고 한다. 팔리어는 붓다가 살아 있을 당시에 쓰이던 말이다. 한자로 된 불교 경전에선 이 단어를 고(苦·고통)라고 옮겼다. 깨닫지 못한 사람의 삶은 진리와 수시로 어긋날 수밖에 없다. 미망에 사로잡혀 실상과 일치하지 않으므로, 아무리 노력해도 불완전성을 벗어날 수 없다. 둑카에 붙잡힌 삶은 지푸라기도 없이 고통의 바다에 빠져서 허우적대는 것이나 마찬가지다. 이것이 붓다가 말하는 일체개고(一切皆苦), '모든 것이 다 괴로움'이란 말의 의미다.

인생은 고해란 말은 몸이 힘들거나 마음이 아파서 괴롭다는 말이 아니다. 이는 이 세상 삶은 근원적으로 진리에서 멀어져 있기에 완전할 수 없다는 뜻이다. 우리가 이 삶에서 이룩한 모든 것은 결국 무너져 사라진다. 그런데도 사람들 대부분은 먹고살기 위해 또는 관성에 따라 살면서 만족하고 즐거워한다.

눈앞의 꿀에 만족해서 다른 삶의 가능성을 생각지 않는다. 아무 생각 없는 삶이다.

그러나 붓다는 올라갈 수도 없고 내려갈 수도 없는 이 고통의 삶에서 벗어날 길이 있다고 믿었다. 『자설경』에서 그는 말했다. "보통의 방식으로 태어나지 않은 뭔가가 있다. 만약 그것이 존재하지 않는다면, 출구를 찾는 것은 불가능할 것이다." 이런 뜻에서 볼 때, 불교는 허무의 종교가 아니다. 반대로, 불교는 진리의 삶이 가능하다고 믿고, 수행을 통해 거기에 이를 수 있다고 믿는 낙관의 종교다.

나로서는 아직 답할 수 없지만, 불교는 누구나 자기를 돌보는 수행을 통해서 '왜 사는가?' '나는 왜 존재하는가?'와 같은 궁극의 질문에 답할 수 있다는 믿음 위에 서 있다. 이런 진리를 한마디로 정리한 게 자성불(自性佛), 즉 '누구나 자기 안에 부처를 품고 있다'는 말이다. 진정으로 진리를 구하는 인간은 불완전성에서 오는 모든 근심을 벗고, 진실한 삶, 깨달음의 삶을 살아갈 수 있다. 불교도로서 요즈음 나는 틈날 때마다 인생 궁극의 질문에 대한 답을 구하려고 애쓰는 중이다.

◆ ◆ ◆

얼마 전에는 유튜브를 보다가 우연히 '왜 사는가' 하는 질문에 대한 법륜 스님의 답을 들었다. 스님은 "누구나 그냥 사는 거"라고 했다. 공중의 새도, 산속의 다람쥐도… 모두 그냥 사는 거란다. 스님은 "새나 다람쥐가 왜 사냐고 묻더냐"라고 반문하기도 했다.

수긍할 만한 말이다. 스님이 말하는 '그냥 사는 것'이란 말을 바꿔 말하면 '삶 자체가 목적이다'라고 할 수 있겠다. 이 삶의 의미나 목적은 다른 데 있지 않고, 삶 그 자체가 의미이자 목적이란 뜻이다. 이런 관점에서 보면, 자신의 삶을 규정하고 거기에 특별한 의미를 부여하려는 일 자체가 별로 바람직하지도 않고, 자칫 위험할 수 있다. 아마도 '그냥 사는 것'이라는 답은 형이상학적인 것에 지나치게 매달려서 발 앞의 삶을 놓치는 것을 경계한 말씀이겠다. 그러나 마음에 흡족한 답은 아니다. 붓다는 세속에 매달린 범속한 삶이 아니라 쉽게 이를 수는 없을지라도 깨달은 삶, 지혜를 품은 삶이 존재한다고 분명히 말했다.

이 삶을 무엇보다 소중히 여기지만, 불교도로서 나는 삶의 윤회와 해탈을 믿는다. 누구나 수행을 통해서 불안과 고통에서 벗어날 수 있다고 생각한다. 이번 생에선 힘들더라도, 언젠가는 궁극의 깨달음을 얻고 싶다. 생기고 사라지는 것에 매이지 않고, 태어나고 죽는 것에 집착하지 않는 대자유인이 되고 싶다. 일찍이 신라의 고승 원효는 『화엄경』의 한 구절을 들어서 우리가 추구해야 할 자유로운 삶의 경지를 제시했다. 일체무애인(一切無礙人), 일도출생사(一道出生死), 즉 '모든 일에 구애받음이 없는 사람은 단박에 생사를 뛰어넘으리라'라는 구절이다. 나 역시 감히 이 경지에 이르고 싶다는 마음으로 살아가는 중이다.

그러나 수행을 통해 깨달음을 얻기 위해 모두 생업을 버리고 산으로 들어가야 한다고 생각지는 않는다. 붓다 역시 세속적 집착과 욕망을 떨치기 위해 극단적 금욕을 강조하는 요가 수행엔 거리를 두었다. 출가 직후 붓다는 영적 스승들을 좇아서 숲속에 들어가 고행했으나, 건강만 해쳤을 뿐이었다. 보리수나무 아래에서 그가 깨달은 것은 삶의 연약성에 관한 연민과 자비에 바탕을 둔 수행이었다. 탐욕을 이겨내고 노여움에서 벗어나고 어리석음을 물리치는 데서 출발하는 그 수행은 어렵지만 일상에서도 얼마든지 가능할 수 있다.

붓다에 따르면, 네 가지 헤아릴 수 없이 퍼지는 마음을 얻을 수 있다면 누구나 집착에서 벗어나서 큰 자유에 이를 수 있다. 세상 모든 것을 사랑하는 마음인 자(慈·Maitri), 모든 중생을 불쌍히 여기는 비(悲·Karuna), 모든 생명체가 기쁨을 얻기를 바라는 희(喜·Mudita), 모든 존재를 편애 없이 평등하게 대하는 사(捨·Upeksha)이다. 처음에 가까운 존재에서 시작해 점차 범위를 넓혀서 세상 저 끝에 있는 모든 중생에 대해 이 마음을 일으킬 수 있다면, 어디에서 수행하느냐는 큰 상관이 없다.

불교에서는 중도(中道)를 중시한다. 성철 스님은 한쪽에 치우치는 대신, 양 끝에 골고루 빛을 던지는 쌍차쌍조(雙遮雙照)를 이야기했다. 입산해서 세속적 삶을 모두 버리는 것이 저쪽의 삶이라면, 영적 추구 없이 세속적 욕망에 매진하는 것이 이쪽의 삶이다. 그러나 산에 들어 몸이 저쪽에 있어도 마음이 여전히 세속을 붙잡고 있다면 바른 공부가 아니다. 반대로 영적 삶을 생각지 않고 물질적 성공에만 얽매여 있다면 무명(無明)에 가려서 미래를 기약할 수 없는 퇴행에 빠진다. 중도를 택해서 한가운데로 걷는 삶이란 아마도 주어진 생업에 최선을 다하면서, 그 결과물에 크게 집착하지 않는 삶이 아닐까. 인도의 영적 스승 스와미 비베카난다는 이런 삶을 가리켜 '일상적 삶의 영성화'라고 했다. 일상 모든 행동에서 자비의 마음을 품고 타자에 대한 연민과 사랑에 바탕을 두고 산다면 누구나 살아 있는 부처라고 불릴 수 있을 것이다.

물론, 일상의 영성화란 절대 쉬운 일이 아니다. 자비의 마음을 몸에 체화하려는 부단한 노력이 필요하다. 개인적 경험을 빌려 말하면, 우선 꾸준한 명상이 큰 도움이 된다. 세계적 베스트셀러 『사피엔스』의 저자 유발 하라리도 매일 아침저녁 한 시간씩 명상을 통해서 정신을 맑게 한다고 한다. 20대에 명상에 입문했다는 그는 지금은 한 해에 한 달 정도 인도의 아쉬람에서 전문적인 명상 지도를 받는다.

명상이란 차분하게 호흡 자체에 집중해 자기 마음의 움직임을 들여다보고, 이를 깊게 관찰하면서 의식을 고양하는 방법이다. 번잡하게 살아가는 현대인의 마음 근육을 키우는 가장 효과적 방법이기도 하다. 이 때문에 구글 같은 정보 기술 회사도 직원 대상 명상 프로그램을 운영하고 있다. 인도의 요가 수행자 스와미 사치다난다는 마음 챙김 명상을 통해 "(인생의) 파도를 멈출 수는 없어도 파도를 타는 법을 배울 수는 있다"라고 말했다.

불경이나 성경을 읽는 것도 좋은 방법이다. 틈틈이 읽어서 예수의 말씀, 붓다의 가르침을 몸에 새겨야 한다. 기도, 염불, 봉사도 마찬가지다. 기도란 신께 자신이 원하는 것을 이뤄달라고 청하는 기복을 위한 것이 아니다. 기도는 하늘의 뜻을 깨닫고 분별하는 행위에 더 가깝다. 이 때문에 기독교에서는 기도를 소원성취의 도구가 아니라 신과의 교통 또는 사귐이라고 강조한다.

염불은 마음으로 부처님을 생각하면서 부처님 이름이나 불경 문구를 읊는 일이다. 이는 불교의 여러 수행법 중에서 가장 많이 행해진다. 『관무량수경』엔 "나무아미타불을 외어서 80억 겁 동안 지은 무거운 죄업을 없앤다. (중략) 우리 중생들은 본래 부처님과 똑같은 불성을 품고 있으므로 부처님을 염할 때 가장 먼저 부처를 이룬다"라는 말이 나온다. 다만 '공염불'이 되지 않도록 그저 입으로 외는 것에 그치지 않고 간절한 마음을 담아야 한다. 종교와 믿음에 따라 각자 의례를 세워서 습관적으로 꾸준히 해나가면 결국 궁극적 목표에 도달할 수 있을 것이다.

궁극적 목표란 곧 일상 안의 영성을 깨닫는 일이다. 그런데 붓다는 그것이 멀리 딴 곳에 있는 게 아니라 내 안에 이미 있다고 이야기한다. 늘 함께 있는 잃어버린 고향을 내 안에서 다시 찾는 일, 집 나간 탕아가 아버지 품으로 돌아오는 일, 잊었던 품 안의 보배를 다시 발견하는 일, 그게 깨달음이다.

봄을 찾아 산천을 헤매다 돌아와 보니 집 앞에 매화가 피었다. 집 앞 매화에서 봄을 발견한다. 중국 송나라 대익 스님은 이를 시로 남겼다.

하루 종일 봄을 찾았으나 찾지 못하고,
짚신 신고 언덕 위 구름 속을 두루 밟았네.
돌아오는 길에 매화나무 밑을 지나노라니,
봄은 이미 가지 끝에 완연히 와 있었구나.

인생이 내게 가르쳐 준 것들

초판 1쇄 2025년 9월 17일

지은이 | 홍석현

발행인 | 박장희
대표이사 겸 제작총괄 | 신용호
본부장 | 이정아
책임편집 | 조한별
기획위원 | 박정호
마케팅 | 김주희 이현지 한류아

디자인 | design co*kkiri

발행처 | 중앙일보에스(주)
주소 | (03909) 서울시 마포구 상암산로 48-6
등록 | 2008년 1월 25일 제2014-000178호
문의 | jbooks@joongang.co.kr
홈페이지 | jbooks.joins.com
인스타그램 | @j_books

ⓒ홍석현, 2025

ISBN 978-89-278-8108-7 (03810)

- 이 책은 저작권법에 따라 보호받는 저작물이므로 무단 전재와 무단 복제를 금하며 책 내용의 전부 또는 일부를 이용하려면 반드시 저작권자와 중앙일보에스(주)의 서면 동의를 받아야 합니다.
- 책값은 뒤표지에 있습니다.
- 잘못된 책은 구입처에서 바꿔 드립니다.

중앙북스는 중앙일보에스(주)의 단행본 출판 브랜드입니다.